JN418982

향기로운 항해

동서문학상
수상자모임
동서문학회

향기로운 항해

동서문학상 수상자 히스토리

「추천사」

영혼의 상처를 향기로 바꾸는

김홍신 소설가

삶은 역경을 헤쳐 나가는 과정이고 역경을 극복하는 방법 중 하나는 글쓰기라고 생각한다. 심리학 실험에서 과거에 상처받은 얘기를 글로 써보라고 했다. 글을 쓴 사람들은 슬픔, 불안이 일시적으로 증가했지만 결국 마음의 상처가 치유되고 건강도 좋아졌다고 한다. 나는 오래 전부터 문학은 영혼의 상처를 향기로 바꾸는 행위라고 생각했고 많은 공감을 얻기도 했다.

옛 문헌에 보면 천하를 다스리거나 아우를 수 있는 사람에게 문(文)이라는 시호를 주었다고 한다. 자신보다 신분이 낮거나 부족한 사람에게도 배움을 청할 수 있는 사람은 문학의 경지에 올랐다고 할 수 있다. 죽는 날까지 읽기와 쓰기를 멈추지 않는 정진이 곧 문학이라고 하겠다.

동서문학회는 고뇌의 흔적을 삶의 향기로 마음에 새긴 작가들의 산실이라고 할 수 있다. 동서문학상은 2년에 한 번씩 여성문학도들만 응모할 수 있다. 한국인의 피 속에는 맥심커피가 흐른다는 소리를 들을 만큼 커피문화의 상징인 동서식품에서 문학 대광장을 만들어주었기에 '삶의향기 동서문학상'의 위상이 문학세상에 꽃향기가 되었다.

매회 시, 소설, 수필, 아동문학에서 무려 2만 여 작품이 응모되고, 서른 두 분의 심사위원들이 기초심, 예심, 본심을 심도 있게 평가하여 한국문학사에 수많은 신화 같은 이야깃거리를 만들어내고 있다.

문학은 인간사와 마찬가지로 고통과 결핍이 걸작을 만든다고 할 수 있다. 다사다난한 한국현대사를 즈려밟고 지나온 동서문학회는 동서문학상을 받은 작가들 모임으로, 그 존재가치만으로도 문단에서 주목을 받는다.

동서문학회 회원들의 작품집 《향기로운 항해》의 출간을 축원하고 문필의 날개가 하늘 높이 펼쳐지기를 기원한다.

「발간사」

흔들려도 좋을 시간

노기화 동서문학회 회장

'삶의 향기가 문학이 됩니다.'

동서문학상 공모전 포스터 문구를 바라보면 다시 가슴이 뛥니다. 삶과 일상의 자극들을 자신만의 언어로 표현해내는 문학은 달리 말하면 고인 폐허를 마주하는 일이거나, 손에 잡히지 않는 별을 찾아 헤매는 일이기도 합니다. 생활 언어의 중력을 극복해야 하는 그 고단한 여정에 수상자라는 인연으로 만나 30년째 이어지는 모임, 그 중심에 동서문학회가 있습니다.

코로나19 팬데믹 이후 제약을 받는 모임 대신 '주제 글쓰기'라는 수단을 통해 문학적 소통을 하면서 그 시기를 지나왔고 지나고 있습니다. <제16회 삶의 향기 동서문학상> 공모전을 앞두고 있는 올해, 회원들 각자 공모전에 도전하던 히스토리 '동서문학상과 나'라는 주제로 글을 모집했습니다. 막연히 문학을 꿈꾸던 시간이 생의 전환으로 이어진 도전이 있는가 하면, 절실한 꿈과 소망이 결과물로 빛을 본 과정이 자기고백의 형식을 빌려 재탄생했습니다.

이 글들을 읽고 난 후 단순히 우리들만의 이야기로 묻어 두기보다 지금 문학의 길 위에 있거나 이 길로 이제 막 들어선 이들과 나누고 싶어졌습니다. 더불어 34년 동안 여성문인들의 문학적 성장을 위해 지원을 아끼지 않는 (주)동서식품에 회원들이 보내는 감사의 마음도 담고 싶었습니다.

주변을 서성이는 사소한 것들에 대한 관조와 성찰, 열정으로 달려가다 넘어져 생긴 상처가 만든 생각의 근육, 자연과 사람에게서 구하는 위로와 지혜, 햇살의 반대편에 드리운 그림자와 동행하려는 시선까지…. 여성의 삶이 어떻게 문학이 될 수 있는지 조금은 가볍고 조금은 무거운 이야기를 이 책 속에서 만날 수 있기를 바래봅니다.

삶 자체가 하나의 문장이듯 수없이 퇴고하고 발고하는 그날까지 힘차게 튀어 오르겠다는 다짐의 글들에게 슬며시 손을 내밀어 봅니다. 글쓰기가 좋아 겁 없이 나선 항해이지만 <동서문학상>의 파고는 문학의 닻을 올리라는 신호이기에, 견뎌내어도 좋을 흔들림이기에 더 큰 바다로 나갈 도전을 다시 시작합니다. 추천사를 써주신 김홍신 작가님과 기꺼운 마음으로 출판을 도와 주신 몽트출판 김미희 회원님께 깊이 감사드립니다.

2022년 9월　동서문학회 회장 노기화

「차 례」

1부_나에게로 외출

2부_오선지에 그려진 #하나

3부_향기로운 항해

4부_동서야, 기다려

1부

나에게로 외출

글은 내게 유일한 언어였다. 나의 입술이었고,
내 마음의 소리였다.
유독 나의 의사를 언어로 표현하는 것에 서툴렀던 내가
유일하게 입을 여는 곳은 바로 하얀 종이 위였다.
작은 손에 펜 하나 쥐고 끼적이다 보면,
그곳은 나의 독무대가 됐다.
그곳에서 나는 노래했고, 춤을 추었고,
한없이 울기도 했다.

커피와 시와 나

윤은진 (1996년 수상)

향기가 스멀스멀 피어올라
목덜미를 끌어안는다
혀끝에서 전해지는 전율
갈라놓아도 또다시 찾아가는
질긴 인연

신문 한 면을 차지한 채 눈짓하는 네게
무기력한 일상이 홀린 듯 스며들었다
내동댕이쳐졌던 영혼이
깃털처럼 가볍게 날아오르기 시작했다

가만히 시간을 거슬러
꿈같던 첫 만남을 그려본다

쌉싸름한 속살거림
놓치고 싶지 않은 유혹
가쁜 숨을 몰아쉬며 깊은 정을 나누었던

잠자던 내 감각들이
찻잔을
원고지를 뛰어넘고
새들의 무리를 따라 날갯짓을 한다

뜨겁게 달궈진 시간을 즐기고 있다

향기로운 항해

최분임 (2014년 수상)

어둠의 개화를 위해
천 개의 달을 데려오고 싶었던 나는
먼 곳을 놓치고 빈손으로 돌아올 때가 많았어

실낱으로 풀어 쓴 피의 일기장 위로
아물지 않는 상처 같은 그믐달이 앞서 뜨고 나면
좌절은 언제나 나중에 들켰지

꿈이 아닌 것들을 모두 지운 페이지마다
모르는 계절에 태어난 외로움과
몸을 거른 영혼이 골똘한 유적처럼 발견되곤 했지

훔치고 싶은 문장은 모두
내 안에 갇히길 거부하는 입이 큰 짐승들

어둠만 먹고 자란 불구의 이빨을 쓰면 쓸수록
붕괴로 북적이는 시간

희망의 목청으로 울다
부러진 발목을 달래 묵묵한 방향으로 나아갈 때
저 멀리 하나 둘 뭇별처럼 반짝이는 도반들

내일도 상상화 속 연못에 고인 울음일 나는
날마다 새로 피어나는 뭇 기호들 사이
그 파문의 언저리나 서성이며

구식인 한 줄기 달빛을 품기 위해
목젖까지 올라온 상실을 빛나는 노동이라 부르며
실핏줄처럼 뻗은 영원을 응시한 채,

또 다른 반려자, 동서문학

차갑수 (1994년 수상)

동서문학상과의 인연을 회고하다 보면 타임머신을 탄 듯 한 순간에 30여년의 세월을 거슬러 오른다. 1989년 제1회 동서커피문학상 공모에 응모했으나 탈락의 고배를 마신 경험은 자신을 재정비하게 되는 계기가 되었다. 절치부심 5년의 시간이 지난 후 재도전하여 제2회 동서문학상 수필부문 동상을 받게 되었으며 시상식에 참석하는 영광을 얻을 수 있었다. 본상 수상자로서 시상식장에 참석했던 그날의 떨림을 잊을 수 없다. 기쁨과 흥분을 가라앉히기 힘든 귀한 경험이었다.

처음 보는, 낯선 얼굴의 수상자들이 한 테이블에 앉아 오찬을 즐길 때였다. 어색하게 서로 축하를 건네며 말문을 튼 수상자들은 통성명을 주고받음과 동시에 우리들만의 모임을 만들면 어떻겠냐는 의견이 오갔고 모두들 선뜻 좋다는 뜻을 밝혔다. 그 반응에 힘입어 맥심문학회 발족에 대해 동서식품 홍보팀장에게 의견을 전달하기에 이르렀고 그는 우리의 뜻을 매우

긍정적으로 받아들여 주었다.

이후 금상 수상자를 회장으로 추대했고, 수상자 명단을 넘겨받자 일은 일사천리로 진행되었다. 그 결과물이 바로 오늘날 동서문학회이며 맥심문학회가 그 초석이 되었다. 또한 당시 동서문학상 심사위원이었던 김남조 시인께서 동서식품에 5년이란 긴 공모기간을 격년제로 실시하면 좋겠다고 제안해서 현재에 이르고 있으며 대한민국 여성만을 위한 문학상으로 우뚝 서게 된 계기가 되었다.

동서문학상은 동서식품의 후원 아래 많은 여성문학인들의 꿈과 함께 성장해 왔으며 앞날이 더 기대되는 여성 문학인들의 산실이기도 하다. 문학을 아끼고 사랑하는 마음하나로 시작한 초보 시절을 뛰어넘어 등단작가로, 여러 권의 책을 출판하며 당당하게 문단에서 활동하는 수상자들을 보면 뿌듯하면서도 애틋한 감정을 동시에 느낀다. 그 시작의 역사를 함께 했으며 지금도 같은 길을 걷는 문우로서 느끼는 소회는 말이나 글로 옮길 수 없는, 정의하기 어려운 정서를 불러일으킨다.

나에게 동서문학회는 글과의 첫사랑이다. 그 인연의 첫걸음이 되어 준 작품 <사랑과 고독 그리고 커피>를 다시 떠올려 본다. 호흡인 양 마시던 커피는 간암 환자 남편을 병구완하는 내내 곁에서 위로와 격려를 건네던 다정한 연인 같았다. 잠든 남편의 얼굴은 어둠이었다가 햇살처럼 비치기를 반복했다. 그의 숨소리가 평온할 땐 내 호흡도 따라서 평온해졌다. 그러나 남편의 낯빛이 일그러질 땐 내 모든 것들도 일그러졌으며 거기엔 어둠이 묻어났다. 밤을 낮 삼아 지켜봐야 했던 시간, 혹 불길한 생각이 뇌리를 덮치면 나는 버릇처럼 커피를 들이켰다. 사랑과 고독이 교차하는 병실에서 서로를 바라보는 일이 버거울 때마다 커피를 마시는 핑계로 아픈 시선을 돌리곤 했다. 또한 잠깐 방심한 틈새로 죽음이 덮칠까, 화들짝 정신 차리게 하는 묘약이기도 했다. 손가락을 남편의 코끝으로 가져가 가는 숨소리가 확인되면 안도의 숨을 몰아쉬었으며 움직임이 없는 남편 발가락을 살짝 건드려 그 발가락에 반응이 있으면 '아, 살아 있어 줘서, 그저 감사합니다.' 시도 때도 없이 온몸에서 기도가 터져 나왔다. 혹시 내가 잠든 사이 그가 훅 어디로 날아가 버릴 것만 같아 커피를 눈앞에 챙겨두는 일은 빠뜨릴 수 없는 하루 일과 중 하나였다. 그 당시 아픈 남편을 보살필 수 있게 나를 지탱해 준 일등 공신은 누가 뭐래도 커피였다. 졸음이 몰려오면 불안했다. 모르는 사이 그의 숨이 멈춰질까 봐 꼼짝할 수 없는 긴장감으로 몸이 굳었을 때 마시는 커피 한 잔, 경직된 나를 따뜻한 애인처럼 품어주었다. 시한부 6개월이란 의사의 사망 선고를 훌쩍 넘겨 우린 2년의 시간을 더 버텼고 더 서로를 지켜냈다.

동서문학상은 남편을 무지개에 태워 보낸 후 응모했고 수상의 영예를 안겨 준 상이다. 글을 붙들고 있는 설렘은 살아가는 힘이 되어 주었고 그 시간은 마치 연애편지를 쓰는 심정으로 두근거렸다. 초기 맥심문학회에서 동서문학회로 문학회 이름이 바뀌었지만 2기에서 15기까지 긴 세월을 지나오는 동안 문학회가 탄탄대로를 걸을 수 있도록 물심양면 후원해 준 (주)동서식품의 공을 잊지 않고 있으며 앞날을 응원하고 있다. 또한 동서문학회 창단 멤버로서 막중한 책임과 의무를 다하려고 노력하고 있으며 개인적으로는 중진작가로서 문인의 소명을 다하고자 다짐하고 있다. 무엇보다 글 쓰는 일에 소홀하지 않으려고 애쓰는 중이다. 내 보잘 것 없는 글 한 편이 누군가에게 위로와 격려가 된다면 그 응원이 나에게로 되돌아와 또 다른 기쁨을 선물처럼 안길 것을 믿는다. 글을 통해 이뤄지는 보이지 않는 선순환의 기능을 알기에 우리는, 나는 오늘도 글을 쓰고 있고, 앞으로도 계속 쓸 것임을 알고 있다. 내게 동서문학상은 반려자의 소천 끝에서 만난, 그가 떠난 빈자리를 채워 준 또 다른 삶의 동반자이다. 문학이 일상을 비켜서서 존재할 수 없듯이, 생활의 글을 쓰는 사람으로서 세상을 조금이라도 밝힐 수 있는 그런 글쟁이로 남고 싶다.

오선지에 그려진 #하나

이영옥 (1994년 수상)

'문학소녀의 꿈을 펼치세요.' 슈퍼마켓의 한쪽 벽에 붙어 있던 커피회사의 POP 광고가 눈에 들어왔다. 아니 가슴으로 들어왔다. 맞아! 나도 한때는 이해 못 할 시를 베껴 쓰기도 하고, 비유와 은유의 문장을 꼼꼼히 짚어보기도 했었지. 두 아이의 엄마로, 맞벌이 주부로 바쁘게 살아가던 나는 애써 무심한 척 돌아섰다. 그런데 웬일인지 집으로 돌아온 후에도 그 광고가 마음에서 떠나지 않았다. 등만 기대면 잠이 들던 내가 잠도 오지 않았다. 현실에 치여 누르고 덮어둔 글에 대한 불씨가 조금이라도 남아있었던 걸까. 가슴 밑바닥에서 무언가 말을 걸기도 하고 아주 오랜만에 설렘이라는 감정에 흔들리며 밤을 지새웠다.

다음날 마트 벽에 붙은 공모전 광고를 보러 일부러 길을 나섰다. 마음에 새겨진 무늬들이 살아 움직이는 나비 떼처럼 나풀거리며 글이 쓰고 싶다는 생각이 들었다. 그날 밤, 가족들이 잠들기를 기다려 노트를 펼쳤다. 오랜만의 글쓰기는 쉽지 않았다. 썼다가 지우고 쓰기를 반복하며 겨우 완성하는데 며칠이 걸렸다. 노트의 원고를 다시 원고지에 옮겨 쓰는데 온전히 나를 위한 시간이라는 생각에 가슴이 벅차올랐다. 무모한 도전일지라도 행복했고 더불어 간절해지기 시작했다. 죄를 짓는 것도 아닌데 숨기며 글을 쓰기보다는 가족 앞에서 당당해지고 싶어서였다. 그 마음을 담은 원고지를 얌전히 접어 편지봉투에 넣었다. 조심스럽게 입구를 풀로 붙여 빨간 우체통에 넣으며 내 손을 떠났다.

한 달쯤 지났을 때 퇴근해 돌아오니 어머니가 등기우편이 왔다고 하셨다. 화장대 위에 누런 봉투가 놓여있었다. 당선 축하 전보였다. 와우~~ 감정표현이 서툰 나는 평소와 다르게 환호성을 지르며 거실로 튀어 나왔다. 어머니는 놀라 무슨 일인가 하다가 손에 든 전보내용을 보고 함께 기뻐하셨다. 그 시절엔 당선자 발표를 일간지 전면에 실었다. 신문을 보지 못했던 나는 체념 상태였었다. 늦게 도착한 전보가 몇 배의 기쁨을 안겨주었다.

소공동 롯데호텔에서 시상식이 있었다. 나는 곱게 단장하고 어머니와 함께 참석했다. 넓은 홀에서 진행되는 행사는 세련되고 격조 있었다. 꿈속에서나 만날 듯한 김남조 시인, 이청준 소설가도 앉아있었다. 시상식 진행을 맡은 사람은 KBS 이계진 아나운서였다. 어머니는 TV에서 자주 보던 얼굴을 알아보고 놀라셨다. 내 손을 잡아주며 자랑스럽게 바라보시던 어머니의 표정을 마주하는게 또 다른 상을 받은 듯 기뻤다. 그곳에 다녀온 어머니는 한동안 주위 분들에게 자랑을 하셨다. 어깨가 으쓱하기도 했지만 겸연쩍기도 했다. 내가 받은 상은 가작도 아니고 입선이었다. 그러나 결과보다 도전을 하도록 길을 터준 '동서커피문학상'이 나는 고마웠다.

비록 큰 상은 아니었지만 내게는 많은 변화가 찾아왔다. 대가족이 사는 집이었지만 당당하게 집안 한구석에 내 책상 하나가 번듯하게 놓여졌다. 모두가 잠든 밤, 책을 읽고 글을 쓸 수 있었다. 등단이 까마득한 지망생이지만 우리 집에선 이미 대작가라고 치켜세웠다. 지치던 일상도 글이 되고 덩달아 나도 머지않아 정식 작가가 되고 멋있는 사람이 될 것 같았다.

세상에 쉬운 일은 없었다. 삶은 계속해서 엇박자로 나가고 성장하지 않는 글은 등단하기까지 십 년이 걸렸다. 등단 후 다시 한 권의 책이 나오기까지 또 십 년이 걸렸다. 이제 나는 알아버렸다. 내가 글을 잘 쓰는 것이 아니라 단지 뭔가 쓰는 것을 좋아할 뿐이란 것을. 다행히 공자님도 내편인지 잘하는 것 보다 좋아하는 것이 낫다는 말씀을 오래전에 준비하여 전해주신다. 나는 또 그 말에 위로를 받으며 계속해서 쓸 것이다.

살면서 지치고 힘들 때, 앞만 보고 달리다 꿈결처럼 문학을 잊고 있었다면 꼭 한번 권하고 싶다. 그런 당신을 위해 동서식품은 2년에 한 번씩 대한민국 여성을 대상으로 문학작품을 공모한다고. 34년이란 오랜 기간 동안 문학을 꿈꾸는 여성들과 함께해오고 있다고. 내놓으라 하는 기업들도 하기 힘든 의미 있는 일이다. 살아가기 급급한 주부였던 내가 다시금 문학을 꿈꾸고 작가가 되었다. 긴 시간 글을 쓰고 살면서 물감이 번지듯 내 삶의 오선지에도 #이 하나 그려졌다.

내 안의 나를 발견한 시간

박주영 (1996년 수상)

프레임 바깥의 시간이 좋다. 가장 행복한 순간이다. 하나, 둘, 셋에 맞춰 모두 활짝 웃어준다. 표정들이 환하고 눈이 부시다. 이보다 즐거운 일이 어디 있겠는가.

동서문학회에서 필름 카메라로 사진을 찍던 시간이 엊그제 같은데 벌써 20년이 넘었다. 모임 날 아침이면 인화한 사진을 방바닥에 펼쳐놓고 이름과 얼굴을 맞추어보던 시간이 그립다. 가져간 사진을 나누어주면 기쁘게 받아주던 사람들과의 인연도 스무 해를 넘기고 있다. 아날로그에서 디지털 시대로 넘어갈 때 새로운 카메라가 눈앞에 나타났다.

처음 디카를 장만하고 사진을 찍을 때의 흥분은 잊을 수가 없다. 잘못 찍은 사진은 바로바로 삭제할 수 있고, 굳이 인화하지 않아도 전달할 수 있는 영상물. 더 큰 장점은 필름 값이 들지 않는다는 것이다. 그 때문에 아껴가며 찍던 사진을 디카로 찍으면서 이상한 습관이 생겼다. 같은 장면을 여러 번 반복해서 찍는 것이다. 약간의 각도가 달라져도 사진의 느낌은 달라지기 때문이다. 찍은 렌즈 안을 들여다보면 찰나의 표정이 되살아난다. 그들의 시간 속에서 함께 한 시선을 마주하면 서로 즐거워했던 마음마저 따라와 피곤함은 달아난다.

땡볕에서 몇 번을 찍을 동안 자세를 취해 주는 문우들이 눈물겹다. 포즈에서 느껴지는 설렘들이 웃음으로 퍼지면 나도 덩달아 미소 짓게 된다.

사진을 찍는 내가 단체 사진에 행여나 빠질까 들어오라 손짓하는 사람들, 엉덩이를 빼고 사진을 찍는 내 모습을 찍어 보내며 '동서문학회의 역사를 즐거이 담아줘서 고맙다' '고생한다.' 손잡아 주고, 등 두들겨 주는 문우가 없었다면 20년 넘게 행복한 마음으로 해낼 수 없었음을 고백한다.

그런 응원 덕분에 더 열심히 사진을 찍을 수 있었다. 용기를 얻어 식물 탐사를 다니며 하늘빛과 어우러지는 풍경들과 숨어 있는 풀꽃들의 고갯짓까지 카메라에 담았다. 시선 밖에 또 다른 시선을 담는 마음으로 그림자 뒤에 흔들리는 모습들에 자꾸 눈이 갔다. 셔터를 누르고 난 다음 렌즈에 다 담지 못한 여운을 글로 쓰기 시작했다.

2020년, 사진과 시가 한 덩어리가 된 디카시 부문 신춘문예에 당선 되었다. 떨어지는 나뭇잎을 순간 포착해서 5행 이내의 짧은 시적 언술을 보탠 것이다. 모임에서 오랫동안 찰나의 시간을 사진으로 담아내지 않았다면 이룰 수 없었던 일이다.

동서문학상에 입상하고 문학회 활동을 하지 않았다면 어땠을까. 사진에 취미가 있는 것도 발견하지 못했을 테고 평범한 주부로 살았을지도 모른다.

사진을 향한 꿈의 씨앗에 싹이 틀 수 있게 물을 주고 때로는 바람이 되어 주기도 하고 햇살이 되어 준 문우들께 이 자리를 빌려 감사한 마음 전하고 싶다.

모니터를 마주하며 사진 편집 작업을 하는 시간은 삶의 쓴맛을 중화시켜주는 순간이기도 하고 대상과 마음을 주고받는 교감의 시간이기도 하다. 앞으로 나아가는 힘을 얻기도 하고 힘든 일상을 견뎌내는 숨 고르는 시간이기도 하다.

나보다 앞서 이 일을 해 준 문우가 감사하다. 그 마음을 알 것 같다. 아직도 그 문우의 사진은 따라갈 수가 없다. 그분이 있었기에 오늘의 내가 있기도 하다.

일을 누군가 또 행복하게 해 주는 문우가 있다면 날개를 단 것 같이 기쁠 것이다. 이 기쁨을 함께 나누고 싶기 때문이다.

얼마 전 문학 기행에서 찍은 사진을 가만히 들여다본다. 서로 배려하고 공감하며 활짝 웃어주는 그들은 평범한 표정조차 비범한 글로 담아내는 문우들이 아닌가. 내가 동서문학상 수상자들의 일원이라는 게 더없이 고맙고 기쁘다.

삶의 날개를 달아준 동서커피문학상

한명숙 (1996년 수상)

지나간 날들의 일기장을 들여다보면 내가 살아온 모습을 한눈에 알 수 있다. 세상을 다 가진 듯 기쁜 순간도 많았고, 아픔도 있었지만 그 과정들이 결국 글을 쓰는 길로 나를 이끌었다는 생각이 든다.

몽당연필에 침을 묻혀가며 엄마가 알려주는 내 이름을 겨우 익혀 초등학교 입학을 했다. 입학식 날 생전 처음 보는 칠판에 가슴에 붙은 명찰을 보고 삐뚤빼뚤 내 이름을 그리던 기억이 아직도 생생하다. 언니 오빠의 교과서가 전부였던 시절, 글자를 터득하고 책 읽는 즐거움에 빠져 6학년 언니의 교과서를 몰래 학교에 가져가 언니가 찾으러 오는 일이 종종 있었다. 그러다 담임선생님 배려로 하교 후 재미있는 동화책을 읽을 수 있었다. 시간가는 줄도 모르고 빠져들었던 세상에는 모든 것이 신기하고 설레었다. 담임선생님처럼 나도 교사가 되고 싶다는 꿈을 가슴에 품게 되었다.

중학교 진학을 앞두고 부모님을 설득할 자신이 없어 냉가슴을 앓고 있을 때, 선생님의 설득으로 어렵게 중학교에 입학했다. 한창 공부하는 재미에 빠져 있을 때, 학교에 연식정구 팀이 창단되었다. 졸지에 연식정구 선수로 뽑혀 운동선수가 되었다. 훈련시간에도 운동장에 영어단어와 한자를 쓰면서 공부에 대한 끈을 놓치지 않으려 애를 썼다. 공부에만 전념하라는 선생님들의 만류에도 특기생으로 장학금을 받으며 고등학교에 가고 싶다는 생각이 앞섰다. 특별한 기회를 놓치고 싶지 않은 욕심에 선생님들의 말씀이 들리지 않았다. 고등학교 졸업 후 실업팀에서 선수 생활1년 만에 무릎부상으로 선수생활을 계속할 수 없었다. 진주교대에서 기숙사와 생활비지원까지 해준다는 조건에도 대학입학은 꿈꿀 수가 없었다. 두 살 터울의 동생이 전교 일등을 하는 수재였다. 모르는 척 할 수가 없어서 부모님께 말도 못하고 혼자 접었던 그 일은, 살면서 가끔씩 미련과 후회로 남는 일이 되었다.

결혼하고 서울에서 살다 산본 신도시에 정착하면서 내 삶은 완전히 바뀌었다. 주변이 온통 산이라 자연과 접하는 시간이 많아지고 아이들이 유치원, 학교에 가면 여유 시간이 생겼다. 틈틈이 지역신문이나 방송국에 글을 보내면 소개가 되었다. 어느 날 TV화면에 동서커피문학상 공모내용이 자막으로 스쳐

갔다. 그 화면을 보지 못했더라면 어땠을까, 내게 세상을 향한 날개를 달아준 한 줄의 문구는 공모전 문을 두드리게 했다. 지금의 나를 있게 해 준 '동서커피문학상'과 인연을 맺은 것이다. 그 일은 누구의 엄마이자, 아내로만 살아갈 뻔했던 나에게 내 이름을 온전히 불리는 삶을 허락해 준 길잡이가 되어준 스승이다.

어느 날 남편이 가져온 신문에는 수상자 명단이 빼곡했다. 시상식에 참여 할 수 없는 입장이었으나 추억을 선물하고 싶다는 남편의 전화에 시상식 초대장을 받았다. 화려한 조명과 화면으로만 보던 아나운서가 사회를 보고, 근사한 와인과 스테이크가 나오는 호텔 식사를 하고 멋진 얼음조각상 앞에서 가족사진도 남겼다. 시상식을 다녀온 후, 내 생활은 화장품 값을 아끼더라도 시집 한 권을 사게 되었고 문학의 울타리 안으로 깊숙이 빠져들고 말았다.

힘들 때마다 글로 표현하면서 공모전이나 백일장에서 입상을 하곤 했다. 삶의 고단함을 글로 풀어내는 내게 문학인이라는 명함이 붙었다. 시댁 행사에 가면 남편은 나를 '한 작가'라 불러주었다. 2007년 첫 수필집을 세상에 내놓았다. 청계광장에서 동서 문학상 행사에 특강을 하신 조경란 작가는 말했다. 세상에 태어나 자신의 이름으로 한 권의 책을 남기는 일은 의미 있는 일이라고. 가슴 벅차고 떨리던 그날의 기억은 힘들고 지칠 때마다 잘하고 있다고, 잘 살아왔다고, 힘내라고, 나를 위로하곤 한다.

첫 수필집을 내고 출판기념회를 했다. 스승님과 문우들, 친구들의 축하를 받고 주인공이 된, 화려하고 멋진 날이었다. 가슴 떨리던 그날의 사진을 보며 지치고 흔들릴 때, 스스로를 채찍질한다. 동서커피문학상은 문학의 힘으로 많은 인연을 이어주었고, 내 삶의 원동력이 되어주었다. 국어선생님의 꿈은 이루지 못하였어도 방과후강사가 되어 아이들을 가르치는 일을 하고 있다. 적성에도 맞는 일이라 즐겁고 보람을 느끼면서 생활에 보탬도 많이 되었다. 네 권의 시집도 냈고 지역단체에서 활동을 하고 있다. 동서문학회의 구호처럼 '창작은 뜨겁게'라는 말을 잊지 않고 틈틈이 습작을 하면서 부끄럽지 않은 오늘을 살아내려 노력 중이다. 열정적인 문우들처럼 활발한 활동은 못하더라도 포기할 수 없는 이 길을 천천히 걸어가는 나를 응원한다.

동서커피문학상과의 인연은, 삶의 든든한 응원군인 남편을 만난 것처럼 내겐 행운이다. 로또복권으로도 살 수 없는 행운을 안겨 준 인연이기에 내 삶을 사랑하고 행복하다 말할 수 있다. 인연이 되어 준 모든 이들에게 고맙다는 말 전하고 싶다.

나에게로 외출

김효정 (1998년 수상)

‘가슴이 뜨거운 사람들은 모여라’ 생활광고지 한쪽에 실린 이 문구가 내 눈을 끌어당겼다. 지역 주민들을 위한 글쓰기 강좌였다. 나로부터 외출하고 싶은 나를 끌어내기에 충분할 만큼 가슴은 뜨거웠다. 늦은 나이에 결혼하여 아이 셋을 낳아 기르면서 잊고 살았던 나를 깨우는 문구였다.

손가락 꼽으며 기다리던 날이 왔다. 막내를 유치원에 보낸 후, 시청으로 향하는 발걸음은 마음만큼 뜨겁게 설레었다. 문구를 되새기며 도착한 시청 강당에는 생활광고지를 보고 온 사람들이 생각보다 많이 모여 있었다. 가슴에 불을 지핀 사람들의 눈빛에서도 열정을 읽을 수 있었다. 그동안 애들 엄마라는 대명사에 익숙해진 나를 호명하는데 내 이름이 낯설게 다가왔다.

학창 시절에 끼적거렸던 빛바랜 노트를 펼쳐보았다. 시집이나 수필집을 읽다가 마음에 든 구절들을 적어놓은 공책이었다. 글쓰기의 든든한 배경처럼 나에게 밑받침이 되는 용기를 주었다. 늦게 시작한 글쓰기는 허전한 마음을 채워주고 나만의 시간을 가질 수 있었지만, 상상력은 상징과 비유의 틈에 끼어 날아가지 못했고, 낯설게 하기는 낯가림이 심해 다가가지 못했다.

시 창작은 가깝지도 않고 멀지도 않은 여러 겹의 생각들이 여러 가지 표정으로, 고통과 희열이라는 상반된 매력을 지닌 두 얼굴로 다가왔다. 시를 읽고 공책에 적기만 하던 소녀적 감성은 달콤함을 안겨주었지만, 마음속의 생각을 시로 끄집어내는 일은 어려웠다. 시제를 품고 함께 뒹굴기도 하고 때로는 헛바퀴도 돌려가며 창작의 고통을 견디면서 조금씩 앞으로 나아갔다.

IMF로 온 나라가 몸살을 앓던 1998년, 대부분 공모전이 문을 닫았지만, 동서커피문학상은 여성들에게 삶의 향기를 내뿜을 기회를 주었다. TV에서 동서커피 광고를 보다 제4회 동서커피문학상을 공모한다는 자막을 보고, 시로 응모한 나는 4기 동서문학회 회원이 되었다. 2년마다 새 문우와 만나는 동서문학회가 있어, 시의 끈을 놓지 않고, 이 자리에 남아 있음을 감사한다.

나의 연인은

구자인혜 (2000년 수상)

사람들은 말했다. 모든 일을 객관적으로 보고 대범하게 처리하라고. 지나고 나면 별 일이 아닌 그저 겪어낼 만한 일일 뿐이라고 말이다. 한 발 물러서서 보면 이성이라는 것으로 충분히 납득할 일이라고도 했다. 하지만 한발을 물러선다는 것은 쉬운 일이 아니었다. 백조가 수면 위의 우아한 자태를 유지하기 위해 물 밑에서 두 발을 끊임없이 휘젓는 형국일 터였다.

글을 쓴다는 것은 내게 그와 같은 일이었다. 세상일에 한 걸음 물러서서 마음속의 우물을 들여다보았다. 초연한 듯 보이려고 하면 할수록 힘겨운 절망이었다. 가슴 깊은 곳에 똬리를 틀고 있던 태고의 고통에서부터 어제까지의 슬픔과 간절함이 실체를 나타냈다. 그 실체들은 검은 그림자를 뻗으며 삼킬 듯이 포효했다. 대항하는 나는 늘 기진맥진해지기 마련이었다.

소설 쓰기는 내게 통과의례의 과정을 겪게 했다. 절제되지 못한 열정은 굳게 닫힌 문 앞에서 방향을 잃고 미로 속을 헤맸다. 절망과 희망의 등호는 서서히 무너졌다. 소설이 시고 텁텁한, 생각만으로도 지긋지긋한 연인이 되려는 무렵이었다. 이솝우화의 여우와 포도처럼, 키가 닿지 않아서가 아니라 마치 시어서 안 따먹는 양 스스로와 세상을 속이려 궁리할 즈음이었다.

그때, 동서문학상이 눈짓을 보내주었다. 나는 기꺼이 그의 포로가 되었다. 확실히 그는 나보다 한 차원이 높았다. 오랜 시간 맺힌 가슴의 응어리가 순간에 풀리는 묘한 경험이었다.

나의 연인은 나를 자신 곁에 항시 잡아두려는 심산인 듯하다. 그의 관심에 목이 마르거나 지독한 무관심에 외로워할 즈음이면 시계의 태엽을 감듯 그의 일정과 계획에 나를 가두곤 한다. 때론 떨리고 때론 버겁다. 하지만 지금까지 해왔던 가슴앓이 외길 사랑으로 그를 따르련다.

동서문학상의 시간

장보민 (2000년 수상)

2021년 '동서문학회' 신입회원 15기가 들어왔다. 2년마다 열리는 동서문학상 수상자들의 모임인데, 1989년 1회 '동서커피문학상'을 기점으로 32년째 이어지고 있다. 2기 수상자 선배님들의 열정으로 처음 '맥심문학회'가 결성되었다. 태동시켜주신 선배님들의 문학에 대한 사랑과 혜안에 깊이 감사드리는 마음이다. 이후 상 이름이 '동서문학상'으로 변경되면서 사회적인 위상을 높였다. 그에 따라 문학회 명칭도 '동서문학회'로 바뀌었다. 나는 5기로 입회하여 활동 하면서 전통 있는 문학회의 자부심으로 뿌듯하다.

잊고 지내던 지난 수상 기억을 이번 기회에 되돌아본다. 지그시 눈을 감고 기억의 나래를 펼친다. 기쁨이 출렁대던 감정의 바다에서 유영을 한다.

인천에 거주하던 터에 행동반경이 제한적이라 특별할 때나 지역을 벗어날 뿐이었다. 더욱이 아이들이 어렸던 시절이라 더 그러했다. 그때 중앙에서 개최한 동서커피 문학상 수상 소식은 참으로 들뜨게 했다. 용기를 내어 응모한 끝에 수필 부문 가작으로 당선되었다. 무엇보다 내 글을 인정받았다는 사실이 가슴을 뛰게 했다. 평범하던 나의 일상에 반전이 일어난 기분이랄까. 가족들의 축하를 받으며 비로소 나다운 일을 해냈다는 기쁨으로 벅찼던 날이었다.

설익었지만 풋풋하게 글 밭 새순을 키우던 기억이 떠오른다. 내면의 열정을 오르내리며 나름의 온기를 느끼던 시절이었다. 당시 문화센터에서 진행하는 문학 수업을 정기적으로 듣고 있었다. 어릴 때부터 책 속에서 다른 상상의 세계를 발견하는 일이 즐거웠다. 그러다 보니 내게 읽고 쓰는 행위는 자연스러운 연결 활동이었다. 훌륭하신 교수님 지도아래 문장 수업을 받으며 나아지려 노력하고 있었다. 지역마다 백일장이 열렸고 나도 원고지에 마음을 담으며 지냈다. 당시 여러 단체나 기업에서 주최하는 글쓰기 대회가 많았다. 지금은 다 사라지고 유일하게 동서식품이 지원하는 '삶의 향기 동서문학상'이 32년 동안 역사를 만들고 있다. 잘 이어져 오고 있을 뿐만 아니라 더 큰 사회적 문화를 선도하는 행사로 발전하였다. 여성 문학인들에게 꿈을 실현하게 하는 기업 정신이 참으로 고맙다.

지금도 미소 짓게 되는 시상식이 아주 인상적이었다. 호텔 대

연회장에서 개최한다는 초청장을 받고 가족까지 동반하였다. 상을 받는 사람도 즐겁지만 가족들은 시상대에 선 아내와 엄마를 낯설지만 자랑스럽게 바라보며 박수를 보냈다. 서로 신뢰의 싹이 더 자라고 미처 발견하지 못했던 엄마의 재능에 반가워하며 축하했다. 연예인도 초청되고 음식도 뷔페로 베풀었다. 귀갓길에는 동서식품 커피 세트까지 받아 수상자로서 자부심이 들었다. 그 이름에 누를 끼치지 않는 수상자가 되고 싶었다.

동서커피 문학상 시상식 큰 타이틀을 배경으로 찍었던 기념사진을 찾아본다. 시간이 지났어도 확연하게 눈에 들어온다. 앞줄에 살짝 구부리고 앉은 내 모습은 짧은 머리를 한 젊은 엄마이다. 마르고 새침해 보이기까지 하는 표정도 읽어진다. 그 순간 설레던 감정이 되살아나며 목울대가 아릿하다.

문학회 모임은 주로 서울에서 이루어져, 지방에서 올라오는 문우들과 만나는 일은 삶의 색다른 활력소였다. 동서식품의 넉넉하고 푸짐한 후원을 받으며 문학회에 참가하는 날들은 내적 성장을 하는 자극제였다. 문학 외에 다양한 예술적 시선으로 넓어지는 많은 활동을 하였다. 그러한 연유로 체험하는 다양한 기회, 행사는 한 뼘 더 큰 창을 바라보는 계기였다. 특히, 문학기행에서 얻게 되는 동료들과의 하룻밤 만리장성은 실로 귀중한 추억이었다. 그리고 동서식품은 새로운 수상자가 배출

되는 2년마다 회원들을 시상식에 초청했다. 축하 자리를 함께 하는 초대 받은 시상식장 가는 날은 우리의 축제이기도 했다.

'벤자민 버튼의 시간은 거꾸로 간다'처럼 동서문학상으로 인한 담긴 세월의 단추를 눌러본다. 행복했던 순간들이 태엽처럼 풀려 나와 미소 짓는다. 삶의 변화로 이끌어준 동서문학상은 내 글쓰기의 마중물이 되었다. 함께 어우러지는 문우들이 모여 서로를 이끌어주는 문학회는 놓을 수 없는 손이다. 우정은 진하게! 창작은 뜨겁게! 미래는 달콤하게! "우창미!" 동서문학 구호가 힘을 더해준다.

냄새로 만나다

정이수 (2000년 수상)

우연이 인연이 되고 그것이 하나의 고리로 연결되어 여기까지 왔다. 동서커피 문학상 수상자 명단에 내가 들어있던 것도, 동서문학회 회원이 된 것도 그랬다.

인천 부평에 둥지를 틀면서 나는 곧바로 어떤 냄새에 익숙해지기 시작했다. 마셔도 마셔도 질리지 않는 그 냄새, 길을 걷다가 버스를 타고 가다가 오감을 자극하는 그 냄새에 취해 들숨 날숨을 고르며 행복했던 날들.

결혼 초 입덧으로 뒤집어진 속을 다스려 준 커피 냄새, 그 냄새를 무한대로 마실 수 있다는 건 행복한 일이었다. 집에서 얼마 떨어지지 않은 곳에 동서식품 커피 공장이 있기에 가능한 일이었다.

어느 날 버스를 타고 가다가 열린 창문을 통해 전해지는 커피 냄새에 취해 중간에서 내려 한 정거장 거리를 걸어갔던 적도 있었다. 그렇게 내 안에 스며들며 익숙해진 커피, 지금도 그

곳을 지나칠 때면 코끝을 자극하는 커피 향에 코를 벌름거리곤 한다.

굳이 줄을 긋거나 찾아 나서지 않아도 그 언저리를 지나칠 때면 만나지는 커피향, 그리고 소설가의 끈으로 이어진 동서커피문학상, 이제는 말할 수 있을 것도 같다. 우연이 인연이 되었다고.

내 안에 허기를 채우기 위해 끄적이던 글쓰기, 대기만성 형이란 위로의 말을 칭찬으로 알아듣고 열심히 자판기를 두들기던 그때. 의욕이 능력을 앞섰지만 글쓰기는 언제나 제자리였다. 절망할 때마다 고맙게도 나를 위로해 준 건 커피였다.

어렵사리 이어진 문학으로의 길, 동서커피문학상은 결코 떼어놓을 수 없는 글쓰기의 시험대였다. 이제는 말할 수 있을 것 같다. 글쓰기의 터닝 포인트였다고.

동서문학회! 그곳에 가면 글 냄새, 사람 냄새, 커피 냄새가 난다. 운 좋게도 그 속에 내가 들어있다. 이쯤에서 이십여 년 전에 교수님이 전해준 대기만성 형이라던 위로의 말을 끄집어내 본다. 나쁘지 않다.

장맛비 소식에 외출이 망설여지는 게으른 오후, 커피포트에 찻물을 올려야겠다. 느긋하게 커피 향에 취하고 싶은 날이다.

지금, 이 순간

강미애 (2004년 수상)

오래전 낯선 지역으로 삶의 터전을 옮기게 되었다. 모든 것이 낯선 그곳에서 나는 아이들과 씨름하며 틈틈이 책을 읽고 글을 썼다. 나름대로 잘 살아내고 있다고 생각했다. 가끔씩 밀려오는 외로움만 잘 달랜다면 이 시기를 잘 헤쳐 나갈 수 있을 거라고 믿었다. 하지만 그곳에서 정말 외로웠다. 나와 함께 성장할 영감을 주는 동료들이 그리웠고, 밤을 새우며 일에 매달리던 그 시간들이 그리고 멘토의 존재가 그리웠다. 할 수만 있다면 다시 그들 속에 속해있고 싶었다.

나는 삶을 이야기하는 것이 좋다. 그러나 낯선 곳에서 낯선 사람들과 마음을 나누기에는 내가 너무 나약하고 소심했다. 결국 책과 친해질 수밖에 없었다. 덕분에 하이데거, 비트겐슈타인 등 실존주의 철학에 심취해 많은 책을 읽었다. 실존주의는 '나는 무엇인가? 그리고 나는 무엇을 해야 하는가?'에 대한 물음으로, 선택을 통해 자아를 형성하는 인간의 존재 방식을 말한다. 인간은 태어난 이상 자신의 삶을 자신이 선택할 수밖에 없으며, 이러한 선택에 대한 불안감에 압도되면서도 그 선택의 자유를 통해 자신의 미래를 만들어가는 존재라는 것이다. 사실 나는 철학을 잘 모른다. 철학의 역사, 계보에도 전혀 능통하지 않으며 어떤 철학자가 이 세상에 존재했었는지, 그들이 설파한 구체적인 이야기들이 무엇이었는지 그것에 관한 전문적인 지식도 일천하다. 다만 내가 무엇인지, 무엇을 해야 하는지 어떻게 살아야 하는지 누군가 말해주는 정답이 듣고 싶었을 뿐이다.

어떻게 해도 불안감을 떨칠 수 없는 날들이 이어졌다. 그러던 어느 날, 아이들을 학교에 보내고 하릴없이 버스 정류장에 앉아 있었다. 세상은 나와 상관없이 분주했다.

삶이라는 열차를 타고

먼 길 가다보면

때론 멀미가 나지.

나만 입석인가?

반대 방향으로 가는 거 아냐?

-시인 이정록, 사람멀미 中에서

시들어가는 야채를 손질하는 할머니의 등 뒤로 그림자가 길어졌다. 길어진 그림자를 따라 집으로 돌아가려고 할 때였다. 은행 출입문에 시선이 멈췄다.

동서커피문학상 공모.

생각해 보면 그날 버스 정류장에서 바라본 포스터 한 장이 나를 다시 살아나게 한 셈이다. 어떻게 살아야 할 것인가. 잘 산다는 것이 내게 어떤 의미가 있는가. 삶의 의미는 어디에서 찾을 수 있는 것인가. 끊임없는 질문 끝에 나는 그날 작은 실마리를 찾았기 때문이다.

긍지는 내가 나이길 잘했다고 믿는 순간이다. 우리가 지닌 최선의 모습을 드러내고, 용기를 무릅쓰고 남들에게 인정받고, 도전을 극복하는 순간들이다. 긍지는 대개 다른 사람이 나의 역량을 알아봐 줬을 때 생겨난다. 동서문학상에서 입상했을 때 나는 진심으로 누군가에게 인정받는 느낌이었다. 내 역량을 능력을 당당히 인정받은 것이다. 수상자 인터뷰를 위해 걸려온 전화는 꿈을 향한 비밀의 문이 활짝 열리는 순간이었다. Seize the moment(순간을 잡아라).

지금을 소중히 여기라는 뜻이다. 살아가는 동안 자신에게 부여된 시간이 유한하다는 것을 인식한다면 매 순간이 의미를 지닌 장면이 된다. 기억할 만한 추억을 만들어가는 행위는 분명 인생의 길고 긴 여행 중에 가장 빛나는 시간으로 남을 것이다. 꿈은 스스로 내딛는 발걸음만큼 가까워진다는 것을 문학상 도전을 통해 실감했다. 원하는 대로 삶을 바꿔 줄 수 있는 사람은 결국 나 자신뿐이란 것도.

새로운 나를 발견하기에 늦은 나이란 없다. 어떤 일에서든 움직이는 시선에서 자유로울 것, 좋아하는 일과 마주 서는 그 자체로 족하다. 결과는 중요하지 않다. 햇살과 그늘, 어느 한쪽이 어디로 기울어지든 명암의 가치는 존재하기에 삶은 곧 예술이라는 생각이 든다.

지금, 이 순간 우리는 잃은 것이 많지만 아직 남아 있는 것도 많다.

아름다운 동행

김미희 (2004년 수상)

고속도로 나들목을 빠져나오는데 앞에 차가 밀렸다. 차를 멈추고 빠지기를 기다리는데 뒤차가 내 차를 '쿵' 하고 들이박았다. 그 짧은 찰나에 온갖 생각이 머리를 스치며, 앞차를 받지 말아야겠다는 생각에 핸들을 옆으로 틀었다. 결국 4중 추돌을 면치 못했다. 8년 전이다. '제주 문학기행'을 가야 했다. 차는 엉망으로 부서져 수리공장으로 가고, 겉으로 멀쩡한 몸은 여기저기 쑤시고 아팠다. 회장이었던 나는 44명의 회원을 인솔해야 했다. 몸의 고통을 참아야 했는데, 누가 불러서 고개를 뒤로 젖히거나, 웃으면 근육이 아팠다. 그 여행에서 문우들과 한없이 웃다가 아픈 근육을 움켜쥐었다. 그 기억은 지금까지 보람으로 남았다. 글 속에서 걸어 나온 자아들이 함께 그 여정에서 만나 서로를 특별한 존재로 만들어준 순간들이 소중해서다.

작년에는 또 몇 명의 문학회원들과 문학기행을 가서 계단을 내려오다가 넘어졌다. 나의 실수였다. 다리가 부러지는 큰 사고에 동행한 분 등에 업히게 되었다. 그 미안함과 민망함이 아픔보다 더 크게 다가왔다. 그리고 일행이 병원까지 따라와서 입원하고 가족이 올 때까지 기다려 주었다. 수술 후 1년이 지나 며칠 전 뼈에 박은 핀을 제거했다. 아직도 그분들은 나의 다리를 걱정해 주고 위로해 준다.

그렇게 문학상으로 맺어진 인연들과 나눈 이야기가 서로의 삶에 스며드는 일, 그들이 어디에서 왔고 출발점이 어디인들 어떠랴. 책을 만들 때마다 마음을 다하는 것도 내겐 의미를 찾아가는 여행처럼 느껴졌다. 그것은 글을 쓰며 나를 조금씩 성장시키는 시간들이다.

<죽음의 수용소>를 쓴 빅터 프랭클은 '어떤 상황에서도 인간은 삶의 의미를 갖는 일을 절대로 멈춰서는 안 된다.'라고 말했다. 살아있다는 것은 삶의 의미를 찾는 과정일 것이다. 사람들은 각자의 삶에 의미가 있다. 그리고 열심히 건강과 풍요와 행복을 찾아 파랑새를 찾아다닌다. 어떤 사람이 되는가 하는 것은 자신의 선택이지만 손에 쥔 것보다 마음에 품은 가치가 더 오래 웃게 한다는 것을 알게 된 것만도 고마운 일이다.

수많은 선택의 순간, 이 일이 눈앞의 이익보다는 미래에 어

떤 영향을 미칠까 늘 고민한다. 아닌 것을 알았을 때 바로 포기하는 결단, 그것을 잘하는 일도 능력이다. 최근 우리의 주변에 무력감과 허무주의가 만연되고 있다. 사실 세상에서 혼자라는 생각을 느끼지 않는 사람은 없다. 있는 그대로 자기 모습을 세상이 받아들이지 않는다고 생각할 때, 혼자라고 느끼게 되는 경우가 많다. 우리는 <동서문학회>라는 동인이 있어 얼마나 다행인가.

나는 출판을 하고, 사람을 만나는 일에서 삶을 배운다. 마음을 움직이게 하는 음률과 한 줄의 문장이 바로 삶에서 출발하기 때문이다. 글로 풀어내며 아픔조차 승화시키는 사람들은 혼자 있는 시간조차 인생의 격을 높이는 힘이 있다.

인간에게는 본래 존재하고 싶은 욕구가 있다. 환경에 매이지만 좋아하는 일을 놓치지 않고 자신을 발산하는 사람들, 자신이 누구이고, 어떤 삶을 살고자 하는가를 스스로 묻고 그 답을 찾아가는 글쓰기의 매력에 구속당한 순간들이 동서문학의 힘이 아닐까.

뭔가에 새로운 도전을 한다는 것은 상당히 두렵다. 또 그곳에서 수상하고 새로운 단체에 가입하여 활동한다는 것은 용기가 필요하다. 동서문학은 고통 속에서도 함께 하는 동반자이다. 문학의 길에 처음 들어섰을 때 이렇게 오랫동안 글을 쓰는 사람으로 남을 줄 몰랐다. 문학을 위해 항상 갈등하고 고민하는 인생의 페이지들이 모여 길을 내는 것이 아닐까. 나 또한 즐겁게 길을 걸어간다. 동서문학상에서 꽃피운 이름들이 길동무가 되어주기에.

쓰지만 향기로운

노기화 (2004년 수상)

결혼 3년차로 기억된다. 아이가 태어나고 하루하루 엄마로서 느끼는 일상들을 끄적일 뿐, 문학은 내겐 닿을 수 없는 거리에서 서성댔다. 어느 날 제1회 '동서커피문학상 신문 광고가 눈에 들어왔다. 커피가 주제인 글 공모전이라니. 문득 결혼을 앞두고 양가 부모님들의 상견례 에피소드가 떠올랐다.

시골에서 쓴 커피를 마셔 본 경험이 없던 친정 부모님은 무조건 같은 메뉴로 주문하는 게 매너라는 사전 교육?을 받았다. 그리고 커피 맛에 익숙한 시아버님이 시킨 '블랙커피'에 같은 걸로 달라며 주문해버렸다. 사돈과의 만남에 긴장했던 아버지가 말릴 새도 없이 뜨겁고도 쓴 커피를 후루룩 마셔버렸다. 철없는 딸의 권고에 입안 천장까지 데이고 여러 번 찬물을 들이켰던 아버지, 블랙커피가 입안에 들어가던 순간 화장실에 가고 싶었으나 그 쓴 맛을 아무렇지 않은 척 천천히 넘긴 어머니. 그 표정을 곁에서 바라본 고모까지 집에 돌아와 박장대소하며 웃었던 이야기를 써서 보냈다. 부모님의 사랑을 다 녹여내지는 못했지만 그냥 용기 내어 응모했다.

시간이 흐른 후 동서식품에서는 입상권에서 떨어진 내게 두 권의 수상집까지 보내주었다. 두 권의 책 제목 중에 마음에 닿은 것은 '쓰지만 향기로운' 이었다. 그 책을 몇 번이나 읽어가며 삶이 곧 문학이 될 수 있다는 선물같은 열쇠를 받았다. 그 후 2년마다 티비나 신문에서 동서문학상 공모전 소식이 들려오면 괜히 마음이 두근댔다. 도전하려 글을 써놓고도 자신이 없어 응모를 포기한 적이 여러 번이다.

예상치 못한 어려움들이 파도처럼 밀려왔다. 사람을 잃는 일이 얼마나 되찬 일상 앞에 놓여 지는지, 미친 듯이 일을 하면서도 유일하게 나를 마주하는 순간은 노트에 삶을 밀어 넣는 시간이었다. '당신이 가장 좋아하는 일을 해' 수필 강좌를 등록해주고 작가공부를 하라며 등 떠밀던 옆지기가 구해준 많은 책들, 그 속에 문장들이 툭 툭 걸어 나와 왜 그렇게 가만히 있냐며 흔들어댔다. 그의 부재가 느껴질 때마다 무심코 쓰여 지는 글들이 거울처럼 비추면 아득한 길에서 만난 친구처럼 위로가 되었다.

어느 날, 팔당에서 그를 만나고 돌아와 무심코 신문을 보는데 동서문학상 공모전 광고가 눈에 들어왔다. 그리움도 힘이 된다는 내 독백이 허허로워질 때, 생활의 호흡으로 켜켜이 채워진 몇 권의 노트를 꺼냈다. 숨죽인 마음을 자유롭게 날려 보내주고 싶다는 생각에 용기를 냈다. 그런데 하필 컴퓨터가 고장 나 시험을 이틀 앞둔 고1 아들에게 부탁을 했다. 마감 시간이 얼마 남지 않았다. 원고를 들고 친구 집으로 나를 붙잡고 내달린 아들은 당시 워드가 느린 엄마를 대신해 후다닥 자판을 두드리더니 메일 전송까지 마쳤다.

지하철 안에서 수상 소식을 들었을 때 그 상이 내 몫인가 싶었다. 광화문에서 인터뷰를 하던 문학상 관계자가 얼떨떨해하는 나에게 물었던 질문이 생각난다.

"어떻게 글을 쓰게 되셨나요?"

"그냥…….쓰지 않고는 못 배길 것 같아서요."

간절함이 진심과 닿아 슬픔조차 담담하게 써서 당선작이 되었다는 말에 목이 메어왔다. 햇살과 그늘은 방향만 달리할 뿐, 어느 편에 서있어도 함께 동행한다. 야멸차게 선을 그어도 이어질 수밖에 없는 그림자의 동선, 그곳에서 밝은 세상 밖으로 이끌어 준 동서문학상은 그래서 내게 특별하다.

1989년 제 1회 동서커피문학상에 응모한 순간부터 내 삶의 변화가 시작된 계기라고 생각한다. 손끝에서 마음으로 이어지는 문학의 순기능을 자신과 누군가를 위한 일로 연결하는 활동에 참여하게 되었다. 보호관찰소 청소년들에게 상처로 남아 있는 독소들을 글로 풀어내도록 강의를 하면서 자신과 화해하는 과정을 보았다. 그러다 좀 더 자신과 화해하는 과정을 지켜보면서 조금더 그들에게 도움이 될만한 것들을 고민하게 되었다. 부족한 한계를 깨닫고 전문적인 상담사 공부를 하고 자격증을 취득하게 되었다.

익명으로 보낸 고민 편지에 답장을 해주는 온기우체부 활동, 가정폭력으로 힘들어하는 사람들의 아픔을 공감해주며 실질적 사회 안전망을 연결해주는 상담사로 일하기까지, 모든 시작이 글쓰기였다. 동서문학상 수상은 불투명하던 삶을 구체적인 길로 걸어갈 수 있게 용기를 준 내 인생에 멋진 사건임이 분명하다.

꿈이 현실이 되도록 여성들에게 34년 동안 문학활동을 지원해주는 동서식품의 기업정신에 감사하며 산다. 좋은 마음의 빚을 지고 살지만 수상자로써 문학적 성장을 꾸준히 하지 못한 자신이 부끄럽다. 그 부족함을 채워주는 문우들 덕분에 그나마 글쓰기를 멈추지 않고 있다.

수상자들의 모임인 동서문학회의 일원이 되어 서로를 이끌어주는 문우들을 만난 것 역시 감사한 일이다. 좋은 자극으로 깨어있게 하고 정체되어 있을 때마다 책을 출간하여 시선을 넓혀주고 또 다른 길을 찾게 해준다. 그들이 고마워 한참이나 자격에 미치지 못하지만 감히 회장이라는 무게를 받아들였다. 오랫동안 문학회를 이끌어준 선배 임원진들의 마음을 늦게나마 알게 된 것도 그나마 다행이다. 머무르지 않으며 낯선길도 주저하지않는 사람들, 지금도 안과 밖에서 들려오는 소리에 귀 기울이며 문학으로 승화시키는 문우들이 아름답다.

혀끝에 닿은 커피 맛이 처음엔 쓰지만 은은하게 맴도는 향기에 이끌린다. 살면서 겪는 쓰고 달고 맵싸한 일들이 문학이라는 향기로 사람들 곁에 퍼진다고 생각하면 얼마나 귀한 일인가. 도전이 길이 되는 시간, 동서문학상이 이어준 귀한 인연들을 생각하며 송년회에서 외칠 우창미를 외쳐본다.

우 /우정은 진하게
창 / 창작은 뜨겁게
미 / 미래는 달콤하게

내 문학의 뿌리

이병숙 (2004년 수상)

내게 글쓰기는 치료행위다.

한동안 글을 쓰지 못하고 있으면 깊은 공허감에 빠지곤 한다. 아마도 팍팍한 일상에 자존감을 느낄 수 있는 유일한 일이기 때문일지도 모른다. 그럴 때는 소화제나 진통제를 먹듯 낙서든 일기든 써야 한다.

마침 인근에 서정범 선생님이 수필강의를 하는 문화센터가 있어 등록했다. 심한 갈증에 물을 켜듯 글을 써댔다. 선생님의 호된 지적도 아랑곳하지 않았다.

그런데 수필만으로는 심한 갈증에 다디단 주스를 마신 것처럼 더욱 갈증이 났다. 상상이 제한되어 어떤 틀에 갇혀 있는 것처럼 답답했다. 내 주관대로 세상을 만들고 그에 합당한 인물을 만들거나, 내 인생관과 가치관대로 가공의 인물을 만들고 그에 합당한 세상을 만들면 쓰고 싶은 욕구를 마음껏 분출할 수 있을 것 같았다.

그렇게 소설을 쓰기 시작한 지 얼마 안 되어 삶의 향기 동서문학상 공모전을 보게 되었다. 수필은 이미 등단한 상태라 소설 부문에 응모했다. 입선에 당선되었다. 시상식 초청장을 받고 기쁜 마음으로 남편을 대동하고 참석했다. 그런데 시상식 단상에는 대상부터 동상 수상자와 가작과 입선 수상자 대표 한 사람만 올라가 상을 받았다. 나는 대표가 못 되어 남이 받는 것만 바라보아야 했다. 어쩐지 수상자 들러리만 선 것 같아 섭섭한 마음에 동서문학회 입회원서를 받았지만 그냥 돌아왔다.

그즈음 소설가 박영한 선생님 문하생으로 들어갈 기회를 얻었다. 다시없는 기회라 어려운 형편을 무릅쓰고 한참 어린 문학청년들과 밀도 있는 창작 공부를 했다.

다시 동서문학상 공모전 소설 부문에 응모했다. 나름의 전문 공부도 했으니 당연히 단상에 올라가 상을 받을 수 있으리라 기대했다. 그러나 이번에는 맥심상이었다. 기대가 컸던 만큼 실망도 컸다. 전에 입선이라도 했을 때 오만한 생각을 해서 벌 받은 것 같은 자책도 들었다. 동서문학회 가입도 본상을 받고 싶은 미련과, 그러다 아예 기회를 놓치면 어쩌나 싶은 조바심으로 갈등했다. 고맙게도 먼저 문학회에서 활동하고 있는 문우가 가입을 적극 권해 다음 수상자들과 같이 입회했다.

입회는 뜸을 오래 들였지만 적응은 빨랐다. 수필과 소설에

만 집중되었던 내 문학적 안목은 시와 동화로도 넓혀지고, 각계각층의 강사가 들려주는 강의는 사유를 넓혀주었다. 각종 행사를 통한 문우들과의 교류는 은둔형인 나를 개방형으로 이끌어주었다. 내 삶에 문학 활동이라는 새로운 영역이 생긴 것이다. 그 영역의 실체를 실감하고 싶어 동서문학상 시 부문에 응모했다. 맥심상이었다. 실망스러웠지만 시 분과 문우들의 노력을 생각해보면 그만큼도 대견한 셈이라 마음을 달랬다. 오히려 다른 호기심과 기대가 생겨 다음 공모전에는 동화에 응모했다. 또 맥심상이었다. 그러자 어떤 경종을 들은 듯 마음이 어둡게 가라앉았다. 입선이나 맥심상은 당선도 낙선도 아닌 어떤 경계선 같았다. 내 문학적 자질의 한계로 더는 글을 쓰지 말라는 경고 같기도 하고, 여러 장르를 섭렵할 수 있는 전천후 작가의 가능성으로 더 열심히 쓰라는 응원 같기도 했다. 경고로 느껴질 때는 마냥 주눅이 들다가도 응원으로 느껴질 때는 오기도 들었다.

어쨌거나 무력감을 치유하기 위해서라도 쓰는 걸 멈출 수는 없었다. 그만해도 낙서나 일기 편지를 쓰던 예전과 달리 시 수필 소설 동화를 두루 썼다. 각종 문학상 공모전에 장르마다 번갈아 수상자 명단에 이름을 올리기도 했다. 슬며시 전천후 작가 가능성에 무게를 두기 시작했다. 아무래도 오랜 시간 당선인지 낙선인지 애매한 동서문학상에 이끌려오는 동안 시나브로 내 문학적 역량이 뿌리를 내린 게 아닌가 싶었다.

문학상이 뿌리가 되고 그 뿌리로 새로운 영역을 만들어준 문학회와, 막강한 후원을 해주는 동서식품에 보은의 마음으로 출간도 했다. 첫 출간은 역사 장편소설 「문노」를 택했다. 신라 화랑의 대부 문노와 색공의 대부 미실의 권력과 사랑을 그린 소설로, 오랜 시간 자료를 모으느라 발품과 공을 많이 들인 작품이다.

책을 받아든 순간 오랫동안 풍찬노숙을 하던 내 글이 비로소 안락한 집에 들어앉은 것처럼 뿌듯했다. 표지에 적힌 내 이름이 낯설게 느껴질 만큼 기꺼웠다. 지인들로부터 많은 격려도 받았다. 어디다 밝힐 일은 없지만 그래도 작가라는 자부심도 들었다.

그 기꺼움을 못 잊어 두 번째 장편소설 「그 사람이 있는 곳」을 출간했다. 소설을 쓰기 시작하면서 꼭 고향을 배경으로 작품을 쓰겠다고 생각해왔는데, 막연히 가고 싶은 고향이 아니라, 가지 않고도 누구나 갖고 싶은 고향이 되길 바라며 썼다.

돌이켜보니 동서문학상과 인연을 맺은 지도 이십 년이 넘었다. 그간 문학에 대한 허명을 좇느라 갈등도 많았다. 생각해보면 그건 동서문학상으로 비롯된 문학의 뿌리가 뿜어낸 열정이

기도 했다. 그 열정이 있었기에 자칫 무료해질 수 있는 삶에 출간이라는 흔치 않은 결실도 얻을 수 있었다.

이제 글쓰기는 치료제가 아니라 영양제가 된 듯하다. 그것도 남은 여정 평탄하고 여유로울 수 있게 해주는 고농도의 영양제다.

동서문학상이 만든 터닝 포인트

정영미 (2004년 수상)

사람이 살아가면서 누구나 삶의 터닝 포인트가 있다고 한다. 내게는 동서문학상과의 인연이 바로 그런 셈이다.

'삶이 문학이다'라는 말처럼 동서문학상과 나는 아주 우연히 <설사>라는 작품을 통해 만나게 되었다. 지금도 생각하면 잊을 수 없는 2017년 그 해 여름은 내게 큰 행운을 가져다 준 계절이 되었다. 이른 점심을 먹기 위해 들른 곳이 횟집이라, 어둑한 실내에 있는 커다란 수족관을 보는 순간 왠지 탈이 날 것 같다는 불길한 생각이 들었다. 그런 생각이 마음에 훅 들어오자 온몸이 차갑고 물컹한 살을 거부하는 것이다. 그래도 대접하는 사람 생각해서 티를 내지 않고 덥석덥석 집어먹었는데 결국 그것이 화근이 되었다. 밤새도록 화장실을 들락날락하며 뜬 눈으로 밤을 보냈더니 두 눈이 퀭했다.

한밤중에 복통과 설사는 밤이 새도록 멈출 줄 몰랐다. 그 고통의 시간을 얼마나 게워냈을까? 나중에는 쓴 물이 올라오는 것 같았다. 한숨도 자지 못한 채 퀭한 얼굴로 아침을 맞았다. 너무나 힘들었던 고통의 시간이었기에 설사는 오래도록 뇌리에 남았다. 당시 내가 다니는 교회 목사님의 설교가 비움의 미학이었는데 그때 나는 설사를 작품으로 형상화해야겠다는 생각을 하게 된 것이다.

희망의 손을 내밀어 준 동서문학상 덕분에 나는 더 적극적이고 활동적인 사람으로 바뀌었다. 문학회 활동을 통해 잠자고 있던 나의 열정을 발견하게 되었고 시와 낭송을 통해 타인의 마음을 치유하는 법을 깨닫게 되었다. 지금도 글을 통해 팍팍한 현실 속에서도 풍부한 상상력과 감수성을 잃지 않으려고 노력한다. 그러면 나이가 늙어도 풋풋한 시를 쓸 수 있을 것만 같다.

동서문학상 응모를 위해 고통의 몸짓 하나하나를 기억하며 써 내려간 <설사>의 후반부처럼 밤새 다 비워내야만 열리는 길에서 비로소 나는 내게 있는 어둠과 열등감의 구석구석을 버린다. 그리고 모든 것은 거저 주어지는 것이 아니므로 내게 주어진 어떤 힘듦과 고통도 훗날 값진 경험이 된다는 것을 알고 있다.

나의 환경에서 주저앉지 말기를. 늘 나에게 최면을 건다.

2부

오선지에 그려진 #하나

지금은 삶 자체가 하나의 문장이 되었다.
글에도 완성이 없듯이 나의 삶도 완성은 없다.
계속 수정되고 수없이 퇴고되어 발고하는 그날까지
힘차게 튀어 오를 것이다

시는 커피향기를 타고

성영희 (2014년 수상)

하얀 커튼이 나부끼는 창가
오래된 전축에선
Love me tender가 감미롭게 흐르고
수줍은 듯 남자 품에 안겨 춤을 추는 여자

스팀 주전자에서 울리는 삐~ 소리에
그만 남자의 발을 밟고 마는데

*가슴에 안기면 향기가 되는 사람
아내는 여자보다 아름답다.

동서문학은 그렇게 오랫동안
내 詩時한 가슴에 향기로운 공간으로
자리매김하고 있었는데

* 오래 전 동서식품 커피 광고 인용

詩를 쓰려거든 동서문학 가족이 되어라
먼 인연도 가까이 불러들인다며
밤낮없이 동서문학상 도전을 채근한
동서문학의 이타린시인

그녀의 강추로 동서문학상에 응모, 당선되고
동서문학의 가족이 되어 함께 한 십여 년
커피 없는 아침은 아침이 아니다.
시 없는 저녁은 저녁이 아니다.

동서문학상 응모 기간이 되면
오래전 광고처럼 떠오르는

한 문장
 시인은 여자보다 아름답다.

나의 주제어는 향기

박소언 (2018년 수상)

"가슴이 따뜻한 사람과 만나고 싶다"*

부드러운 목소리가 곁들인 카피문구를 보았어요
동서커피문학상
묵혀둔 노트를 펼쳐놓고 오랜 먼지를 털어냈어요
한 페이지를 넘기고 하도 아려서 숨이 턱 막혀왔지요
언제 적 삶의 덩어리가 고치처럼 속내를 내비치더니
빗금 친 단어가 콕 찌르며 맥박이 뛰기 시작했고요
심장을 도려낸 말들이 왈칵 쏟아질 듯 울먹이고 있었어요
푸념 같지만 분신이었을 테지요
가끔, 킥킥거리다 차츰, 곱씹을수록 아득한 향취가 번져왔으니까요

* 동서식품 광고에 나오는 맥심커피(안성기)의 카피문구

뒤란 항아리에 고인 어머니의 빗물에서
창문열고 배웅하는 여자의 눈빛에서
어린 딸이 그려준 일곱 송이 유화 한 점에서
엉덩이에 부푼 남자의 뾰루지에서
애써 끄집어낸 사연들이 분분하게 피어났어요
꽃잎 닮은 가시나 귀찮다 하던 아버지의 사슬까지도
비밀번호를 풀어낸 것처럼 환丸의 쌉싸름한 침묵이 일렁일렁 차올랐지요
웅크린 세월이, 뼈아픈 혼잣말이 대변하듯 활자로 태어나 주었어요

문학으로 삶을 헹구어 내는 일은
무릇, 가치 있는 행보 였어요
해독할 수 없는 나직한 고백에도 목소리는 들려 왔으니까요

'나' 만을 품고 싶을 때면 언제라도 머물 수 있는
케렌시아Querencia, 그 방이 선물처럼 생긴 거예요

향기에는 육체가 없어서
위악을 부려도, 글썽거려도, 신음하여도
심상이 그려진다는 것을 시집 속에 담아내면서 알게 되었지요

콧가를 스치는 멍든 삶이 더없이 그윽하다는 것을

떡이 되고 밥이 되고 싶었던 이유

김숙경 (2006년 수상)

《쓰지만 쓰기에 더 향기로운》, 《어느 가을날 부르는 희망의 노래》 가 책장의 맨 위에서 뽀얀 먼지를 쓴 채 놓여 져 있다. 한 번씩 책장의 책들을 솎아낼 때도 의연히 그 자리를 고수하고 있다. 다른 책들은 정리해도 이 책 들 만큼은 버릴 수가 없었다. 애착이 가는 책冊 임은 분명하다. 부러 펼쳐 보지 않아도 내가 이곳에 소속하게 만든 이유들이 그 안에 있다. 내안의 것들을 쏟아내고 꺼내게 만드는 글쓰기의 원천이며 모티브라 해도 지나친 말은 아니다. 동서문학회의 시작이 저 책들을 통해서이다.

아주 오래전 과거로 회귀한다. 그때의 꿈과 이상 그리고 욕망의 한 부분인 문학에 관한 열망을 버리지 못하던 지난 시절이 주마등처럼 스친다. 책장을 넘기는데 책갈피 속 바싹 마른 단풍잎 하나가 툭 떨어진다. 눌려있던 나뭇잎들의 붉은 흔적이 책장에 박힌 듯 선명하다. 서른 두해를 간직했던 단풍잎 몇 장이 버리지 못하고 놓지 못하던 내 꿈같기만 해 아련하고 애틋하다. 차례를 훑어보고 낯익은 이름이 있을까 명단을 살펴본다. 낯선 이름들뿐이다. 자영업으로 바빴던 그 시절 장사하며 연년생 아이 둘을 양육하기도 버거웠을 텐데 젊어서 나름 강단이 있었던지 힘든 줄 모르고 여가시간이면 책 읽는 즐거움에 빠져 살았던 한때의 기억이 오롯이 떠오른다. 틈나는 대로 끄적거렸던 글과 낙서들, 그때 그 순간처럼 열정적이고 치열한 시절이 있었을까 싶지만 어쩌면 지금의 내 모습은 그 시절이 준 자양분은 아니었을까.

책 맨 뒷장에 메모한 글이 보인다. '1989년 10월 동서커피문학상에 응모했지만 결과는 없었다. 하지만 이 소중한 두 권의 책은 나에게 영원한 위안이 되리'라는 글은 끝까지 도전 하고 싶다는 오기를 갖게 했던 것 같다. 그 시절엔 응모한 사람에게 수상자의 작품이 실린 책자를 보내주었다. 제1회가 실린 수필부문 '쓰지만 향기로운'과 시부문의 '그대향기로 아침은 시작되고'란 책자를 방치하듯 지니고 있다. 수필형식도 모르면서 단지 쓰고 싶다는 열망 하나로 몇 번이고 도전한 끝에 얻은 2006년 가작 당선 통보는 내 인생의 터닝 포인트가 되었다. 누구나가 아니고 아무나가 아닌, 실력으로 인정받은 결과는 큰 상 이상이었다. 자신감 형성하는데 큰 도움이 되었던 계기를 잊을 수 없다.

기쁨으로 출렁이던 그때를 상기한다. 커피문학상은 권위가 있어 누구나 당선되어 그때의 맥심문학회에 소속되기를 꿈꿨다. 시와 수필 두 부문으로 시작한 커피문학상은 차츰 소설과 아동문학의 범위까지 넓혔다. 그 무렵 문학창작을 지원하던 많은 기업들이 도중에 멈췄지만 문학의 다양성과 문학인의 길을 넓혀준 동서식품 기업의 후원은 지금도 진행 중이다. 글을 쓰는 모든 이에게 최고의 선물을 주는 기업이다.《어느 가을날 부르는 희망의 노래》4회 수상집이 나올 때까지 당선의 이력이 없다. 2년마다 실시된 공모전에 7회가 될 때까지 입상자 명단 안에 들지 않았지만 실망하지 않고 응모했다. 꾸준히 참여하고 또 도전하던 일을 멈추지 않았기에 맥심문학회의 일원이 되었음을 자신한다. 마감이 끝나고 발표 하는 날까지의 기대감과 열병에 더 이상 실망하지 않아도 되던 가작이라는 내겐 아주 큰 상은 대견하고 위대했던 기억이다. 동서문학상 수상자에게 내려진 환대와 예우는 특혜였고 빛나는 일들이기에 자랑스럽고 특별했다. 모두가 일원이 되고 싶어 하는 이곳에 입성하지 못했다면 아직도 여전히 도전하는 일을 멈추지 않았을 것이다.

상처 받지 않으려 글을 쓰고 싶었다. 말로는 논리적이지 못하지만 글로 쓰는 일은 내가 하지 못했던 말들을 전달할 수 있고 기록할 수 있어 치유가 되기도 한다. 내 삶의 한 부분 성장하는데 가장 큰 역할을 주던 글쓰기, 전국 대상으로 주최한 동서문학상 수상은 글 쓰는 이유를 확고하게 해줬다. 글 쓰면 밥이 나와 떡이 나와 하며 상처를 주던 아주 고루하고 고약한 남자를 보란 듯이 꺾어버리고 싶었던 오기가 글 쓰는 근육을 키우게 해준 일도 인정한다. 지금은 누구보다도 더 많은 지지와 응원을 아끼지 않는다. 말로 할 수 없는 일을 글로 쓰는 일은 어떤 대상과 마음이 통하고 움직이는 편리한 수단이 되기도 한다. '글쓰기는 치유와 화해의 문학이며 예측 불허한 인생길의 참다운 길벗이란' 말이 있어 깊이 공감한다.

문학합네 하고 본의 아닌 지적허세와 허영으로 겉모습에 치중하기도 했던 치기, 그러다 자신을 들여다보는 일을 발견하고 좀 더 진중하려고 좀 더 깊이 사유하고 내면을 다듬으려 애썼을 문학의 첫걸음에 확신을 주던 한 장의 당선통보는 도중하차 하지 않았다는 위로의 훈장이었음을 믿는다. 자타가 공인하는 동서문학회의 일원이 되기 위해 2년마다 실시되는 공모전에 열심히 응모하는 지인이 있다. 치열한 경쟁률에서 매번 낙오되는 일에 실망감을 감추지 못하던 표정과 입성한 사람들에 대한 경외감을 읽기도 한다. 끊임없이 도전한 근성도 있었지만 아무나 문학한다는 허세에 걸리고 싶지 않았던 자존감, 노력한 결과물을 되돌아보면서 진솔하게 쓴 글이 독자의 마음을 움직이듯 세상의 중심, 내면의 중심이 되어가는 일을 멈추고 싶지 않기에 늘 사유하고 싶다. 오래된 책장을 펼쳐드니 그 세계로 빠져들고 싶었던 열망들의 활자가 돋보기로 확대된 듯 보인다. 가작의 놀라운 빽튜더퓨쳐, 그 과거의 힘으로 내일을 들여다보는 중이다. 내 인생의 가작이라는 떡과 밥은 아직도 뜨겁다.

통로는 걷는 사람에게 열려 있다

석성득 (2006년 수상)

풍광이 아름다운 남양주에서 몇 년 동안 산 적이 있다. 어느 해 가을 아이들을 데리고 다산 정약용 선생 생가에 나들이를 갔었다. 때마침 선생의 정신을 기리기 위해 개최되는 다산 문화제에 딸아이와 참여했다. 나는 우연히 응모한 시 부문에서 최우수상을 받게 되었다. 다음 해에도 남양주에서 시행하는 공모전에 수필이 최우수로 당선되어 두 번씩이나 남양주 시청 대강당 시상식장에 서게 되었다. 셋째 출산 후 산후조리 중에 수상 통보를 받아서 부기가 채 가시지 않은 퉁퉁 부은 몸으로 임부복을 입고 시상식장 단상에 올랐다. 시상식이 끝난 후 그런 내 모습이 인상적이었던지 심사위원 중 한 분이 조용히 다가와 미소를 지으며 격려의 말을 전해주었다. 연이어 이렇게 큰 상을 준 사례가 없다며 좀 더 큰 곳에 응모해 보라며 조언해 주었다. 그 말 한마디는 집안 살림과 아이를 키우느라 안에서만 분주하던 일상에서 나만의 통로를 찾는 계기가 되었다.

그해 가을 신문에서 동서문학상 작품 모집 소식을 접하고 시 부문에 응모했다. 낯선 길에 나를 던져놓은 것처럼 발표일까지 설렘과 두려움이 교차했다. 드디어 맥심상을 수상했다. 내 이름 위 많은 수상자가 빛났지만 그래도 고마웠다. 나 스스로 내디딘 걸음에서 용기를 얻은 것은 새로운 바람이 일어나는 경험이었다. 학창 시절 문예반과 문학 동아리 활동을 하던 그때의 내가 숨어 있다가 기지개를 켜기 시작한 계기가 되었다.

2년 후 재도전했다. 어린 아들을 재워가며 투고했지만 다시 맥심상이었다. 연이어 맥심상을 받으면서 좋은 결과를 바랐던 욕심에 나는 흔들렸다. 더 이상 글을 쓸 수 없을 것 같았다. 그러나 아이 셋 양육하며 절실한 현실적인 문제에 더 매달렸던 시간, 그것은 당연한 결과였는지도 모른다. 가슴 깊은 곳 미세한 떨림으로 일어서던 시심이 저만치 멀어져 가고 있음을 느꼈다.

얼마 후 큰딸아이 글쓰기 지도 선생님이 수상자 명단에 있는 내 독특한 이름을 알아보고는 축하의 메시지를 전해왔다. 덧붙여 자신도 응모했지만 맥심상 조차도 못 받았다며 꼭 동서문학회 회원으로 가입해서 활동하라는 말까지 전해왔다. 수상자들로 결성된 동서문학회는 매월 한 번씩 모임이 있었다. 그때 아들이 겨우 40개월이 되었을 무렵이었기에 나는 엄두조차 못 낼 일이었다. 그러나 결혼 전부터 문학에 꿈을 담고 있던 나를 응원하던 남편은 직장에 휴가를 내서라도 아들을 돌봐 주겠다며 문학회 둥지로 등 떠밀어 주었다.

동서문학회는 내 안의 나를 만나게 해 준 선물이다. 돌아보면 결혼 후 내 존재는 찾아보기가 쉽지 않았다. 아이 셋, 남편, 시댁, 집 마련과 같은 가장 현실적인 단어들로 꽉 차 있었다. 누구나 멀리서 바라보면 집마다 아득히 빛나는 불빛의 평화로움이 있지만 문을 열고 들어가 보면 저마다의 그림자들이 웅크리고 있지 않은가. 그 무게를 감당해야 할 때마다 글쓰기와 책을 읽으면서 스스로를 다독거리면서 견뎌왔다. 쓰지 않고는 견딜 수 없어서 쓰는 글 '부득이지문'이라는 말처럼 또 다른 바람으로 나의 통로가 열린 것이다. 반짝이지 않을 것 같던 내 삶이 글을 쓰고 책장을 넘길 때 비로소 생기가 넘친다.

어떤 바람과 기운이 반겨줄지 모르지만 나로 온전히 숨 쉬는 길, 생각조차 자유롭게 날게 하는 그 통로에서 더 넓은 세상을 만나게 되리라는 기대로 펜을 잡는다.

바람 불던 그 날의 기억

조수선 (2006년 수상)

바람이 분다. 친한 글벗과의 약속이 있어 집을 나서려는데 바람이 심상찮다. 바람에 몸이 꼭 휩쓸려 갈 것 같은 느낌이다. 태풍이라도 오는 걸까? 하필 어제 일기예보를 보지 못하다니…. 나는 잰걸음으로 다시 방으로 들어가 원피스에서 바지 차림으로 바꿔 입고 서둘러 거리를 나섰다. 집안에서 내다볼 때보다 바람은 훨씬 더 심하여 한 번씩 지나갈 때마다 몸 가누기도 힘들다. 바람 속에서 이리저리 흔들리며 걷다보니 문득 기억의 한 조각이 떠오른다. 남들은 대수롭지 않게 여기겠지만 내게는 행운을 안겨준 결코 잊을 수 없는 날이 있다. 그날도 이렇게 바람이 불었다,

벌써 15년 전의 일이다. 오늘처럼 바람이 심하게 불던 날이었는데 궂은 날에는 평소 잘 움직이지 않던 내가 왠지 모르게 우리 동네를 벗어나 큰 대로변에 있는 슈퍼마켓에 갔다. 거기에서 커피 상자에 쓰여 있던 '동서커피문학상' 공모전을 보게 되

었다.

2년 전 어디에선가 얼핏 보고 나중에 자세히 봐야지 해놓고는 깜박하고 지나쳐 버려 벼르고 있던 중에 다시 그 공모전 문구를 보게 된 것이다.

'이번에는 놓치지 않으리라!' 2년이나 기다린 만큼 굳게 마음먹고 도전하기로 하였다. 문학상 공모전 마감일이 얼마 남지 않아서 걱정이 되었지만 그동안 틈틈이 습작한 시 3편을 응모하였다.

세상에는 글 쓰는 여성들이 그렇게 많다는 것을 그때 처음 알았다. 당시만 하더라도 많은 사람들이 응모를 하여 경쟁률이 엄청 높다고 하여 입상할 거라고는 생각도 못 했는데 다행히 맥심상을 받았다. 지금은 입선 이상이 '동서문학회' 회원이 될 수 있지만 그때는 맥심상도 회원이 될 수 있었던 터라 신입회원으로 입회하라는 통보를 받았을 때 아주 기쁜 마음으로 제8기 회원으로 꿈의 날개를 달았다. 자주는 아니지만 전국에서 모인 문우들을 만날 때마다 나는 즐거운 긴장을 한다. 합평시간엔 다양한 작품들을 감상하며 서로의 글을 읽어주고 격려해 주며 따끔한 충고도 잊지 않기에 앞으로 더 나아갈 수 있는 계기가 되기도 한다. 그래서 매번 무기력하게 쓰러져 있는 나를 일으켜 세우는 동서문학회는 내가 살아갈 수 있도록 힘을 주는 동력기다. 자칫 옆길로 빠질 수 있는 방향을 바르게 잡아주는 따뜻한 손길이다.

어쩌면 이 모든 것은 어린 시절 나의 친구가 되어준 책과 글쓰기가 나를 여기까지 이끌지 않았나 생각한다. 나는 태어날 때부터 남들보다 허약하게 태어나 또래 아이들처럼 활동적이지 못했고 있는 듯 없는 듯 얌전하기만 하였다. 우리 집 마당이 바다였음에도 나는 물가에서조차 잘 놀지 않았다. 그저 마루에서나 아니면 창으로 친구들과 언니 동생이 노는 것을 구경만 했을 뿐이다. 그러다 보니 일찌감치 어렸을 때부터 책과 글쓰기만을 유일한 낙으로 삼고 살았던 것 같다. 할머니가 그런 나에게 곧잘 '선비 나리'라고 불렀을 정도니까. 바다를 바라보다 파도에 말을 걸 듯 일기장에 내 마음을 적기도 하고 수평선 끝 먼 곳을 상상하기도 했다.

글을 자주 쓰다 보니 다른 아이들보다 글씨가 예쁘다는 칭찬을 선생님으로부터 자주 들었다. 나는 초등학교 4학년 때 문예반 선생님 눈에 들어 글쓰기를 시작하였고 교내, 시도대회 등 백일장 대회에 나가 크고 작은 상을 받기도 하였다. 더 많은 공부를 하여 훌륭한 시인이 되고 싶었지만 집안 형편이 어려워 체계적인 공부는 더 이상 할 수 없었다. 그래도 내가 제일 잘할 수 있는 일이라곤 글 쓰는 일뿐이라서 꿈을 버리지 않고 틈만 나면 끄적이며 내 안의 울림을 조금씩 써 내려갔다.

살아오면서 여러 가지로 힘든 상황에서도 유일한 버팀목이 되어준 것은 문학이며 글쓰기였다. 내 삶에 문학이 없었다면 시가 없었다면 지금의 나도 없다. 처음엔 시인이 되는 길도 몰랐고 곁에서 이끌어 주는 소속 단체나 글벗도 없어 혼자서 공모전 및 백일장에 참여했다. 그 시간이 나를 찾는 시간이었고 글 속으로 파고들면 고개 숙였던 내 영혼이 스스로를 다독이며 위로해 주었다.

그 바람 불던 날의 기억이 다시 떠오른다. 길을 나서지 않았다면 공모전 포스터를 보지 않았다면, 바람처럼 날아가 버려 포기했을 내 꿈을 찾은 그날이 아릿하고 고맙기만 하다. 척박한 내 삶을 향기로움으로 가꾸게 하는 글 꽃밭에서 건조하던 내 마음도 편안해졌다. 문학 안에서 보이지 않는 사랑으로 연결되어 있는 동서문학회는 소중한 내 삶의 숨결이다. 오래오래 동서문학상 수상자로서의 긍지와 자부심을 가지고 은은한 커피향 같은 회원이 되리라고 다짐해 본다.

가을 문학 기행을 앞두고 결이 고운 그들과의 만남이 또 기다려진다.

큰 주머니가 있는 옷을 입고 산다

추경선 (2006년 수상)

한 때 절실한 꿈을 꾸던 때가 있었다. 무슨 일이든 절실함 앞에 반짝 거리던 시간이 가장 빛나던 시기였다는 생각이 든다. 내 삶인데도 뜻대로 이루어지지 않는다는 것을 조금씩 알아가면서도 놓지 않았던 꿈이 있었다.

초등학교 때 글짓기대회에서 자주 입상하는 재미에 멋모르고 우쭐댔다. 방학 숙제로 제출하는 일기장은 다양한 소재로 재미있게 잘 썼다는 칭찬을 받았다. 자연스럽게 내 선택이 아닌 문예반으로 뽑혀 활동하면서 책 읽는 재미에 빠지고 독후감을 쓰기 시작했다. 독후감 쓰기 대회 전국 1등, 당시 문교부장관상까지 받았다. 시상식에 참석하던 그날의 기억은 50여 년이 지난 지금도 어제 일처럼 생생하다. 엄마와 처음이자 마지막이었던 둘 만의 특별한 서울나들이가 되었다. 관계기관의 동행으로 편안한 승용차를 탔고, 남산에서 처음 먹어본 오므라이스의 기억, 상 받은 일보다 음식이름도 모른 채 토마토케

첩은 맵지 않은 고추장이라고 당당하게 자랑했던 일, 그 무모함까지도 부끄럽지 않은 추억이다.

가끔은 내가 쓴 글에 스스로 도취되어 한없는 상상의 나래를 펼쳤다. 중학생이 되면 국무총리상, 고등학교 진학하면 대통령상을 타겠다는 야무진 목표도 세웠다. 더 나아가 노벨문학상까지 넘보는 문학소녀, 여류작가, 시인, 소설가라는 단어들을 내 것 인양 가슴에 품었다. 교사가 꿈이었는데 특별히 국어선생님으로 내 목표를 설정했다. 인생 항로의 길을 발견한 듯 행복했던 시절이었다.

꿈은 현실과 다른 것임을 깨닫게 된 중. 고등학교 시절, 생각마저 저당 잡힌 듯 반복되는 일상에서도 꿈을 포기하지 않았던 자신이 대견했다. 중학교 진학 때부터 급변경된 인생항로에도 잘 적응했다 싶었는데 청천병력같은 엄마의 죽음은 받아들이기 힘든 숙제였다. 내면에 생긴 큰 상처를 인식하지 못한 채 외형상으로는 담담히 받아들인 듯 했다. 엄마 나이 마흔여덟, 나는 열여덟의 그 겨울에 멈추고 날아가 버린 것들이 있었음을 한 참 후에 알았다. 흩날리는 눈처럼 아쉽고 되찾아 올 수 없는 것들이 묻힌 채 무심히 시간은 흘러갔다.

졸업도 하고 직장도 다녔고 결혼도 하고 엄마가 되는 순탄한 여정이었지만 예상치 못한 시나리오로 급반전되는 드라마처럼 내 모습은 나뭇가지에 걸린 풍선 같았다. 스스로는 아무 것도 할 수 없는, 시나브로 쭈그러들다 바람에라도 날아갈 수 있기를 기다리는 모습이었을 거다. 다시 살 수 있다면 수정하고 삭제하고 싶은 깜깜한 터널 구간도 지나왔다. 돌아보면 그 시간도 지금의 내 삶의 영향을 미친 한 구간이었음을 인정한다. 그래도 아직은 떠올리면 아프다. 그래서 애써 다시 들춰내고 싶지 않기도 하다.

내 절실함이 사라져버렸다고 생각이 든 어느 날, 안부를 전하는 편지 한 장의 분량마저도 채워가기 힘든 현실 앞에서 꿈을 꾸던 시절이 아프게 살아났다. 무조건 써야한다는 각오로 몇 시간을 씨름하며 한 장 분량의 글을 썼지만 끝내 보내지 못했다. 한때 글짓기로 유명세를 탔던 내 경력은 남아있지 않은 상장들처럼 이미 내 것이 아닌가 싶었다.

대학생이 된 아들이 엄마의 시간을 가지라며 글쓰기강좌 수강을 권했다. 수업도 참여해봤다. 소통되지 않는 낯선 곳에 홀로 서있는 기분이 오래 지속됐다. 섣불리 글 쓴다는 말은 못하고 그저 수다, 낙서라는 표현으로 블로그를 통한 글쓰기를 했다. 마음이 편안하면 글을 쓸 수 없는 것이라고 말했다. 아픔과 생채기가 있는 사람이 글을 잘 쓴다고 했다. 그렇다면 나는 글을 잘 쓸 수 있는 요건은 다 갖추지 않았던가. 자괴감이 가득했다.

여행을 다녀온다는 블로그 글에 '옷자락 붙잡고 같이 가고 싶다'는 댓글이 보였다. 무심히 답글을 쓰다가 울컥 치밀어 오르는 어떤 힘에 이끌렸을까? 본문보다 긴 답글을 쓰고 있었다. 편지 한 장을 쓰지 못한 채 막혀있던 숨통이 뚫리듯 눈시울이 붉어지며 이내 울음을 터뜨렸다. 우연인지 필연인지 그 순간 떠오른 기억 하나를 찾아냈다. 동서커피문학상 공모전 광고지면을 오려 둔 신문스크랩이 있다는 것을, 서랍을 뒤져 찾아보니 아뿔싸 공모기간 마지막 날이다. 시간은 자정을 향해 째깍째깍 빠르게 흐르고 있었다. 서너 번의 교정을 본 후 마우스의 힘으로 날려 보냈다. 로켓을 쏘아 올리듯 오랫동안 웅크려있던 마음의 독소를 분출하는 그 이상도 이하도 아닌 그것으로 되었다. 기대도 기다림도 없는 끝, 아쉬움도 후회도 없는 순간이었다. 수필부문 가작. 시상식에 초대받았다. 부끄럽고 죄송한 마음과 동행했다. 그 때 알았다. 끝은 또 다른 시작이라는 것을….

문학이 무엇이냐는 질문에 용감하게도 '일상'이라고 대답했다. 작가로서 열정이 없다는 평가를 받았다. 왜 그런 대답을 서슴지 않고 했을까 다른 답을 찾아봐도 결론은 '일상이 문학적이지'라는 생각밖에 없었다. 다른 수상자들의 확신에 찬 문학관에 주눅이 들어 시나브로 뒷걸음치는 때도 많지만 나는 문학이라는 큰 주머니가 있는 옷을 입고 산다고 되뇐다.

많은 사람들이 휴가를 떠났다. 온전히 자리를 비울 수는 없지만 여유로운 하루를 보낼 수 있었다. 연신 울려대던 전화벨 소리마저 고요하다. 공연히 전화기를 들었다 놓아 보면서 발신음을 확인하고 안심을 했다. 귀에 익숙한 음악 하나 걸어두고 영화에서 본 듯한 폼 나는 자세로 앉았다. 겉표지 그럴싸한, 근사한 제목의 책 한 권 독서대에 올려두고 심호흡을 한다. 조금은 쓰디쓴 블랙커피 한 잔의 향기도 빠뜨리지 않았다. 이상과 현실은 때로는 불협화음을 연주하누나. 음악은 어느새 자장가 되고 책속의 활자가 눈에는 들어오나 머릿속은 다른 것들이 노닐고 있다. 야무지게 꾸어본 문학적 일상의 이미지와는 다른 부스스 졸린 눈 비비고 있는 피곤한 아줌마표정이 압권이다. 언젠가는 내 삶의 한 모습이 한 편의 글 속에 등장하는 주인공이 되는 꿈을 꾸러 오수를 즐긴다.

깊고 푸른 숲, 푸른 나무로

박경옥(2008년 수상)

눈을 뜨니 창밖은 아직 새벽어둠이 낭창거리고 있었다. 서둘러 떠날 채비를 한다. 모자와 머플러로 감싸고 단단히 옷도 껴입는다. 따라 나온 어스름은 집을 나선 후에도 여전히 안개처럼 감돈다. 뺨에 닿는 늦가을의 바람이 제법 맵싸하다. 전철역에 내려 죽전 고속도로 정류장에 도착 할 때쯤에야 시야가 투명해진다. 새벽바람의 청신함에 계단을 오르는 발걸음도 가볍다. 오랜만의 설렘이다. 저만치 문학기행 버스가 보인다. 내 안에서 출렁거리던 그리움이 왈칵 눈물처럼 고여 온다. 2년 여 만에 만나는 동서문학 문우들의 눈빛이 레몬 빛처럼 둥글고 환하다. 코로나로 황량해졌던 마음이 따스함으로 그득하게 차오른다.

2008년 어느 가을에 만난 제9회 '동서커피문학상'이라는 푸른 나무는 삶의 향기를 품고 내 인생의 창가에 와락 찾아 온 선물이었다. 동아리 선배가 내민 노란 빛깔 맥심문학 무크지

한 권이 내 푸른 나무를 품은 씨앗이었다. 공모전보다 잿밥에 눈이 어두워 그동안 써놓은 수필 두 편을 보냈다. 공모전에 응모 하면 주어지는 혜택이 기차를 타고 가는 문학기행이라는 낭만적인 유혹에 끌렸다고 해야 맞겠다. 기대 하지 않았기에 잊고 있었다. 어느 날 한 통의 전화가 가슴을 뛰게 했다. 발표 전 당선 여부와 상관없이 기차여행을 할 수 있는 특전을 받게 된 행운의 전화였다. 더군다나 친구도 함께 할 수 있는 행운이 덤으로 주어졌다.

그 가을, 옥천에 있는 정지용 문학관과 보은에 있는 오장환 문학관으로 가는 기차여행은 잊을 수 없는 문학여행이다. 기차 안에서 듣는 김홍신 소설가의 특강은 한 마디도 놓칠 수 없는 귀한 강의여서 지금도 메모 해놓은 노트를 가지고 있다. 허영자 시인의 단아하고 조곤조곤한 시 이야기도 기억의 서재에 보관 중이다. 감성의 코드가 같은 절친과의 기차여행이었기에 '향수'의 시인 생가를 돌아보며 '옛이야기 지줄대는' 우리의 실개천 같은 고향 이야기를 소환 했고 '풀섶 이슬에 함초롬 휘적시던 곳'을 다녀 온 듯 함께 고향의 그리움에 설핏 목이 매기도 하였다.

그날의 여행은 예민하게 묻혀있던 내 감성 안테나가 풀꽃처럼 미세하게 흔들리기 시작한 날이었다. 큰 관심을 두지 않았던 맥심문학이 어떤 곳인지 궁금해졌고 동아리 선배인 C가 맥심문학에 대해 자랑 삼아 들려주는 이야기도 솔깃해졌다. <연어>에서 은빛 연어가 눈 맑은 연어를 만나면서 초록강 입구에서 벌어지는 모든 일들을 하나하나 소중한 의미로 담고 보물처럼 여겼듯이 나도 그 곳에 발을 담그고 보물 같은 나무 하나를 키우고 싶어졌다. 그즈음에 수필 '다락방'이 가작에 당선 되었다는 소식이 전해졌다. 드디어 마음의 뜨락 한 편에 '동서문학'이라는 내 푸른 나무 하나를 심게 된 것이다.

동서문학회 신입회원으로 인사 하던 날, 선배님들의 환영은 따뜻하고 자상했다. 분과별로 사진을 찍고 밥을 함께 먹으니 비로소 한 솥밥 식구가 된 느낌이 들었다. 그 이후로 한 달에 한 번 있는 문학회 정기 모임은 나를 기다림으로 설레게 했고 함께 먹는 점심식사는 그동안의 안부를 물으며 친밀해지는 소중한 시간이었다. 무엇보다 선배님들의 봄 햇살 같이 따뜻하고 환한 미소는 동서문학이라는 소속감으로 나를 깊게 끌어당겼다. 일 년에 한 번 봄날에 초대받는 연극이나 뮤지컬은 문화의 갈증에 허덕이는 내게 샘물이 되었다. 장르별 특강도 1박2일의 문학기행도 가슴을 덥혀주는 송년모임도 정말 신나고 즐거운 삶의 향기였다.

10회 동서문학상에 다시 공모해 시 한 편이 맥심상을 받았고 그 다음 11회 때는 시로 가작의 영광을 안고 또다시 시상식에 초대 되는 기쁨을 만끽 했다. 연이어 12회 때는 아동문학 동시로 맥심상을 받기도 했다. 비록 큰 상은 아니지만 나를 연마하고 의미를 부여 하는 동기가 되었다. 나를 시험대에 올려놓고 들여다보는 일은 그래서 즐겁고 행복하다. 누군가 문학은 일상 속에서 자기 존재를 찾아가는 것이라고 하였다. 흘러가는 일상 속에서 나를 잃어버리지 않기 위해 끊임없이 내 존재를 확인 하는 일을 <동서문학>이라는 숲에서 찾아가고 있다.

싱싱한 초록의 숲은 보기만 해도 청량하다. <동서문학>의 숲 한 켠에 내 이름표가 붙은 나무 한 그루가 자라고 있다. 봄이면 여릿여릿 연두 잎을 은밀하게 피워 올리 며 사유하고 여름이면 제법 무성한 잎으로 서툰 언어를 다듬으며 자랄 것이다. 가을엔 단풍지는 마음의 수런거림을 낙엽처럼 비우고 겨울 속에서 나태해진 나를 연마 하며 서 있을 것이다. 깊고 푸른 숲, 푸른 나무로.

잃어버린 염소를 찾다

박애자 (2008년 수상)

한남자의 아내가 되었다. 아이를 낳아 키울 때는 하루 열두 시간이 짧았다. 여기저기에서 나를 부를 때 나는 엄마라는 이름으로 고군분투했다. 아이들이 자라 제 길을 찾아 떠나고 나니 북적거리던 집은 절간처럼 고요해졌다. 평범한 일상에서 엄마 아내라는 명함을 들고 서성이는 자신을 보았다. 지금껏 걸어온 모든 시간의 궤적과 생각의 흐름을 따라가다 만나는 자신. 나는 누구이며 지금 어디쯤 가고 있을까. 문득 절해고도에 홀로 떠 있는 섬처럼 쓸쓸해지기도 했다.

가끔 즐겁고 행복했지만 채워지지 않는 갈증이 마음속에 자리 잡았다. 내가 좋아하는 책을 보다가 밑줄 친 문장 속으로 들어가 본지 언제였지. 글속에서 내 감정을 더하기하고 빼면서 언젠가는 글을 쓰며 살겠다고 다짐하던 문학소녀는 어디로 숨어들었을까. 혼잣말을 하면서도 끓어오르는 생각을 꾹꾹 눌러 앉히곤 했다.

어느 해 장마철이었을 게다. 처마 끝에 떨어지는 빗줄기를 멍하니 바라보다 문득 글이 쓰고 싶다는 생각에 노트를 펼쳤다. 빗방울이 만들어내는 동그란 원들은 안온함을 채우지 못한 내 어린 시절처럼 금세 물속에 흩어졌다. 말로 다 하지 못한 그 마음을 드러내고 싶었다. 독백이어도 좋을 이야기를 풀어내고 싶었다. 김기림의 '길' 에 기대어 나를 표현하기 시작했다.

- 나의 소년시절은 은빛 바다가 엿보이는 그 긴 언덕길을 어머니의 상여와 함께 꼬부라져 돌아갔다.

이 문장을 읽을 때마다 어린 시절 한 장면과 오버랩 되었다. 먼 기억 속 아련한 풍경 속으로 소녀를 앞세우며 걸어갔다. 초록 물결 일렁이는 들판을 지나 긴 계곡 끝에서 오르던 산길. 고갯마루 올라서면 가쁘게 몰아쉬던 할머니 한숨소리도 들릴 듯 선명해졌다. 내 첫사랑도 청 보리밭에서 만났고 계곡에서 잃어버렸다. 김기림의 '길'을 따라가면 내가 걸어 온 길과 딱 마주치곤 했던 이유를 글을 쓰며 알게 되었다. 깡마르고 까무잡잡한, 외로움으로 목이 말랐던 여남은 살 먹은 계집아이를 먼저 달래주며 나는 문학이라는 길에 들어서고 싶어졌다.

오래도록 가슴 한 켠에 품고 있던 글밭에 씨앗 하나 심어 준 건 동서문학상 포스터를 보면서 시작되었다. 막연한 소망이 현실이 된 건 2006년이다. 제8회 동서문학상 입상자 명단에서 이름을 발견했다. 쿵쾅거리는 가슴을 진정시키며 재차 내 이름을 확인했다. 제목 '염소' 박애자, 순간 시야가 뿌옇게 흐려졌다. 앙금처럼 가라앉아 있던 슬픔도 올라왔으나 진하던 그 빛깔도 아픔의 시간과 화해하듯 천천히 엷게 녹아내렸다.

수상자들의 모임인 문학회와의 인연도 그렇게 뚜벅뚜벅 내게 걸어왔다. 설렘을 안고 매달 서울행 기차를 탔다. 한 달을 기다려 만나던 문우들, 즐거움과 행복은 오래도록 이어졌다. 맥심의 일원으로써 자부심과 다양한 경험은 시골 아낙에겐 크나큰 변화였다. 따뜻하게 손 내밀어 준 동서문학은 내게 고향 같은 곳이다.

동서문학은 잊고 살았던 자신을 들여다보는 방이다. 내 속에 똬리를 튼 슬픔과 상처를 하나씩 꺼내 말 건다. 끝도 없이 주절거리다 보면 깊게 가라앉은 슬픔이 슬며시 빠져나간다. 마음의 찌꺼기를 걸러내고 상처에는 약을 발라준다. 때론 어르고 달래며 수많은 나와 손잡고 화해하는 시간. 온전한 나를 만나는 순간이다.

누구든 아픔 하나쯤은 지닌 채 살아간다. 어두운 것들이 때론 삶을 진지하게 해줄지도 모른다. 무거운 추가 중심을 잡아주고 어둠으로 빛이 더 찬란하듯, 수필이란 자신을 드러내는 용기를 동반한다. 웅크리고 있던 나를 불러내서 다독이며 치유한다. 나는 무엇을 할 때 가장 행복했나. 글 한 편을 끝내고 컴퓨터 앞에서 일어서는 순간, 그때의 존재감은 무어라 말할 수 없을 만큼 나를 단단하게 만들어준다. 스스로 다잡기 위해 펜대를 세우고 문장을 이어가며 시간의 흐름에 기대어 글을 쓰도록 이끌어준 시간들이 너무 소중하다.

잃어버린 염소를 찾아 나선 길에 찾은 꿈. 그리움이 소망이 되었던 소녀는 더 이상 글속에서 울지 않는다. 마을 앞 느티나무에 기대 기다렸던 엄마는 끝내 나타나지 않았지만, 염소는 다시 집으로 돌아왔다. 꿈꾸던 대로 나를 찾아 나선 길, 오십에 나는 문학소녀가 되었다.

그날, 번개 맞다

김창희 (2010년 수상)

그날은 마른하늘에 날벼락이 쳤다.

어느 해 늦봄 즐겨먹던 커피가 떨어져 마트로 향했다. 늘 하던 대로 믹스커피를 들고 이리저리 살펴보는데 동서커피 문학상에 대한 안내가 눈에 번개 치듯 들어왔다. 그때부터 마음에는 품고 있었지만 사는 것에 익숙해, 잊고 있던 마음속 울렁임이 시작되었다.

울렁임이 시작되기 십여 년 전, 우연한 기회에 참여한 백일장에서 생각지 못했던 상을 받은 뒤 수필 공부를 할 수 있는 기회가 닿았다. 꿈속에서나 가능할 것 같았던 등단이라는 큰 운이 내게 찾아왔다. 어설프기 짝이 없는 글로 등단이라는 관문을 지나고 보니, 성숙되지 못한 글의 발표로 얼굴이 화끈거리고 몸 둘 바를 모를 경험을 했다. 그로부터 정확히 10년 동안 글과 멀리하고 살았다. 어쭙잖은 글을 발표하고 보니 두려움이 앞서 글에 성큼 나서지 못했다. 그러던 중 커피가 필요해 찾았던 마트에서 번개 치듯 잊고 있었던 설렘과 두근거림이 다시 시작된 것이다.

어설픈 글이지만 등단을 한 장르로는 응모할 수 없는 규정으로 인해 시로 응모해야겠다고 마음먹었다. 그때부터는 울렁임을 넘어 마음이 다급해지기 시작했다.

응모하겠다는 생각의 시작은 이랬다. 꼭 동서 문학회 회원이 되어 글의 끈을 꼭 붙잡고 살아가야겠다는 생각이 간절했기 때문이다. 십여 년 글을 놓치고 있다 보니 늘 헛헛함이 있었던 것이 사실이다. 어설프고 스스로 마땅치 않아 놓고 있었던 끈을 어쩌면 다시 잇고 싶었던 것 같다.

가정생활 직장생활을 병행하던 나는, 생각은 간절했으나 매일 지쳐서 집에 오면 늘어져 옴짝할 수 없을 만큼 피곤해 응모하겠다는 생각은 마음에서 널을 뛰고 있으나 실상은 그러하지 못했다. 하루 이틀 부질없는 시간이 지나고 마감일이 다가왔다.

응모 마감일 아침, 출근하려고 계단을 내려서는데 어디에선가 나무 향이 깊게 배어났다. 바람이 세차게 불자 그 바람을 타고 그 향은 코끝에 닿아 향을 찾아 발걸음이 옮겨갔다. 발끝에 닿은 몸체로부터 분리된 잎들은 살려 달라고 향으로 말하고 있었다. 벼락이라도 맞은 양 나무는 잎은 잎대로 모체로부터 모두 떨어져 보도블록 위나 자동차 위를 온통 뒤덮고 있었다. 가을이 한창이었을 때였다. 온통 가을을 도둑맞은 느낌인 아침이었다. 푸름이 채 사라지기도 전에 가을이 벼락 맞은 것처럼 생각된 아침이었다.

퇴근 후 지친 몸이지만 마감일이라 물러설 수도 없기에 식탁에 앉았다. 왜 식탁이냐 물을 수도 있겠으나 나는 번듯한 책상 하나 없는 빈곤한 살림 형편이었다. 이리저리 궁리해도 소재도 주제도 아무것도 생각나지 않던 그때, 아침에 봤던 느닷없던 광경이 선명하게 그려지며 자꾸만 부러진 나무와 떨어져 나간 잎과 그들이 내뿜는 아우성의 향으로 나를 이끌었다. 소재와 주제를 정하고 망설임 없이 써 내려갔다. 무엇보다 중요한 것은 살아있는 생생한 장면이었다. 어떻게 그 느낌을 공감할 수 있게 쓸까를 고민했다. 생경하던 아침 풍경을 담으려 애썼지만, 글이라는 게 하루아침에 뚝딱 써지는 것이 아니기에 힘에 부쳤다. 하지만 물러설 시간이 없었다. 오늘이 아니면 다시 2년이라는 시간을 다시 가슴앓이하며 기다려야 할 것이기에.

몇 해 전, 경험했던 말할 수 없었던 오줌 저린 후의 느낌을 글에 녹여냈다. 아이를 낳아 키우며 생활에 찌들었던 나는, 친정집에 가서 엄마가 곱게 깔아줬던 요에 비밀스럽게 오줌을 지린 경험이 있었다. 힘들고 버거운 생활이 나도 모를 실수로 이끌었을지는 모르겠으나 그 상황은 그야말로 대략 난감이었다.

아침에 본 풍경이 그때, 오줌 저린 후의 저릿함으로 느껴지는 건 무관하지 않았을 이유다.

응모할 수 있는 시간을 기다리는 것과 그냥 응모할 걸 하는 아쉬움과 후회로 다시 2년을 묵혀두는 게 싫었기에 마감 시간을 지키는 게 무엇보다 중요했고 반드시 실행해야 할 이유였다. 다섯 편의 편수를 채워야 하는데 미리 적바림 해 두었던 네 작품과 아침 번개 맞은 것 같은 뜻밖의 날씨의 일깨움으로, 한 편의 작품을 간신히 채워 응모 편수를 맞출 수 있었다. 아침 풍경도 번개 맞은 듯했고, 내가 하는 행동도 번개 치듯 그러했다. 우여곡절 끝에 마감 시간을 지킬 수 있었고, 지금 나는 자랑스럽게도 동서 문학회 회원으로 활동하고 있다. 더불어 수필과 시를 통해 밝고 건강하게 살아가고자 하는 수강생들과 함께하고 있다. 모든 게 동서 문학의 힘이라 생각한다. 우리나라를 대표하는 여류문학의 산실인 동서 문학상 심사위원에게 좋은 평가를 받고 수상하게 된 작품은 "가을, 번개 맞다."이다. 소공동 멋진 호텔에서의 근사한 시상식은 내 어깨를 으쓱하게 했다. 가족을 초대할 수 있는 엄청난 혜택에 남편과 딸아이와 함께 했다. 과묵한 성격의 남편은 내색은 하지 않았지만, 그의 얼굴이 모든 걸 말해주고 있었고 환했다. 딸아이 역시 엄마가 내 엄마라 정말 자랑스럽다는 예쁜 말로 기쁨을 더해 주었다.

돌아보니 글을 쓴다는 것의 가장 기본은 관찰하고 사유하는 게 아닐까 싶다. 내가 그날 아침 출근 시간에 등 떼밀려 그냥 지나쳤다면 "가을, 번개 맞다."라는 작품은 나와의 연이 닿지 않았을 것이며, 자랑스러운 동서 문학회 회원도 되지 못했을 것이며, 그때 응모할 걸이라는 '껄껄'로 끝나지 않았을까 싶다. 해보고 싶은 일에, 하고자 마음먹은 것에 마음만 움직이지 않고 실천했다는 내가 정말로 다행스럽고 자랑스럽다.

나는 오늘도 그냥 스쳐 지나지 않는다. 늘 무엇을 쓸 것인가를 고민하고 글감 찾기에 촉수를 뻗고 다닌다. 말하지 않지만 늘 내 등 뒤에서 동서 문학회가 자극을 주기에 그렇다. 내년 2월에는 동인지 작품에 대한 고민을 마무리해야 하는 기분 좋은 압박이 곧 시작될 것임을 안다. 이러한 압박이 한 편의 글이라도 쓸 수 있도록 영양제가 되어주고 있음을 알기에 고맙고 감사한 일이다. 헤실바실 흩어질 단어들을 모아 문장으로 다보록하게 잇도록 다그쳐주는 든든한 뒷배가 있어 든든하다.

그날 마트에 가지 않았더라면/그날 번개 치듯 바람이 거세지 않았더라면/만약, 마감일을 놓쳤더라면.

이 모든 일은 마른하늘에 날벼락이 친 때문이다.

나를 유혹하는 것들

이갑순 (2010년 수상)

비포장도로 시골길 10리. 한 시간을 꼬박 걸어야 학교에 도착할 수 있었다. 그나마 새벽부터 시작되는 농사일을 거들고 소 먹이까지 줘야 나의 여고시절 등굣길은 간신히 허락됐다. 매일 반복되는 일과에 나만의 시간이 간절했다. 그 길 위에서 유일한 친구는 바로 책이었다. 전날 도서관에서 빌린 책 한권을 들고 길을 걷기 시작하면 어깨엔 날개가 돋아 발걸음은 가벼워졌다. 책은 어떠한 장벽도 없이 온전히 새로운 세상으로 나를 데려다주었다.

곁눈질하며 책을 읽다가 돌에 호되게 걸려 넘어진 적도 여러 번, 그러나 아프지 않았다. 무릎에 난 상처보다 다음이야기가 궁금해서였다. 십여 리의 시간이 차곡차곡 쌓여 언제부터인가 내 이야기를 쓰고 싶다는 생각이 들었다. 상상의 나래를 펼치며 정리되지 않은 소설을 노트에 써내려갔다. 주인공에게 혹독한 시련을 주기도 하고, 구사일생 살려내기도 하며 내 이야기는 점점 형체를 드러냈다. 먼 훗날 작가가 되어있을 자신을 대입하여 주인공으로 추켜올리기도 했다.

그러나 농사일이 많은 부모님의 바쁜 일상으로 나도 들어갈 수밖에 없었다. 모두 일을 하는데 나 혼자 글을 쓴다고 방안에 들어앉을 수는 없었다. 그저 할 수 있는 일은 노트 여백이나 교과서 귀퉁이에 짬짬이 이야기 메모를 하는 것이 전부였다.

어렵게 학교를 졸업하고 시골집을 벗어나 서울로 가면 뭐든지 이룰 수 있을 것 같아 부모님께 말씀드렸다. 그러나 집밖에 혼자 딸을 내놓을 수 없다는 아버지의 완강한 반대에 부딪혔다. 그렇다고 쉽게 물러나기 싫었다. 순간 떠오른 방법이 있었다.

"맞아! 서울 남자랑 결혼하면 되지!"

정말 간절히 원하면 온 우주가 도와준다 했던가. 신문에 투고를 했는데 내게 수백 통의 편지로 마음을 고백하는 서울 남자가 있었다. 그의 진솔한 마음도 좋았지만 담백한 글귀와 풍성한 이야깃거리가 꼭 영혼의 단짝을 만난 것처럼 좋았다. 결이 맞는 그와 결혼하면 원 없이 글을 쓰도록 책상 앞에 판을 깔아줄 남자로 보였다.

무작정 서울로 올라와 그와 결혼에 이르렀다. 영원한 문학적 동지를 만난 것처럼 그와 나눌 앞날에 대한 기대로 부풀었다. 헛바람 같은 꿈이 될지도 모르면서 말이다.

반전은 신혼시절 현실로부터 빨리도 찾아왔다. 그렇게 믿었던 그가 서울생활 1년 밖에 안 된 남자일 줄이야. 게다가 1년에 열 번이나 넘는 제사를 꼭 지내야 하는 갑갑한 장손이었다. 일에 치이고 살림하며 아이들 키우느라 책 한 권을 읽는데 몇 달이 걸렸다. 글을 쓸 여유는 더더욱 없었다. 머릿속으로 써내려간 소설 수십 편을 마음 속 깊은 다락방에 쭉 밀어 넣고 주어진 하루의 과제를 쳐내며 살았다.

그나마 나에게 주어진 시간은 새벽4시, 현관에 신문 떨어지는 소리가 들리면 습작과 글쓰기는 시작되었다. 드문드문 신문 한 귀퉁이에 쓰여 있는 문학공모전 소식은 가슴 을 뛰게 만들었다. 드디어 엎드려있던 내 꿈을 일으켜 도전하리라 다짐했다. 노트에 썼다 지우길 여러 번, 아침햇살이 주방 창문으로 들어오기까지 써내려가는 시간이 내겐 특별한 의식처럼 소중했다. 마음만 먹으면 금방이라도 명작이 탄생할 것 같은 기분으로 밤을 새웠으나 나의 글은 기둥도 없이 집을 짓는 사람처럼 엉성하고 단단하지 못했다. 그러나 포기할 수는 없었다. 마음이 허락하지 않았다. 10리 길을 다시 걷는다는 심정으로 이야기를 수정하고 다듬었다. 하루, 일주일, 일 년의 시간이 더해지다 보니 양념 같은 미사여구로 틈을 메우던 글도 점점 더 담백해지고 명료해졌다.

그즈음 신문에서 운명처럼 한 글귀가 눈에 들어왔다. '삶이 문학이 된다. 바로 문학상 공모전 문구였다. 서울살이 하며 힘들었던 순간들을 버티게 해준 날들을 떠올리며 글을 쓰기 시작했다. 옥상에 작은 텃밭을 가꾸며 식물과 교감하고 생명이 자라는 순간들을 나의 생활에 빗대어 써 내려갔다. 쓰는 순간 나도 모르게 눈물이 났다. 내 소소한 생활의 단면들이 글쓰기 주제가 된다는 것이 그저 감사했다.

그리고 어느 날 걸려온 전화 한통. "동서문학상 입선입니다. 축하합니다." 수화기 너머로 내 이름을 확인하는데 촌스런 이름 석 자 '이갑순' 이 소중해졌다.

잡을 수도, 멈출 수도 없는 시간 앞에 늘 서있다. 오랫동안 그려왔으나 차마 드러내지 못했던 오랜 꿈들. 용기 내어 현실의 시간 앞에 꺼내놓으니 봄의 향기가 스며들고, 바람도 통하고, 가을의 고민이 더해져 익어가고 있다. 누군가는 시간 앞에 장사 없다한다. 하지만 삶이 만들어내는 이야기들이 글로 엮어지면서 비로소 나를 닮은 세계를 마주한다.

오늘을 기쁘게 살고 적는 습관이 생겼다. 옥상으로 오르는 계단에서 하늘이 보인다. 정성을 드리는 만큼 자라는 텃밭 식물들이 간절하게 나의 손길을 기다린다. 햇살과 바람이 스쳐가는 곳에 가만히 앉아 바라본다. 거두지 못해 늘 서성대는 나의 글쓰기에 허기진 독백이 흘러나온다.

나의 글은 언제쯤 너희들처럼 단단한 열매를 맺을까.

동행

정미경 (2010년 수상)

오늘도 실패했다. 원고 마감일이 며칠 남지 않았는데 도저히 진전이 없다. 왜 글이 마음대로 써지지 않는 걸까? 잠시 산책을 다녀오기로 했다. 날이 너무 추워져서 멀리 가지도 못하고 바로 들어왔다. 글이란 것이 쓰려고 하면 할수록 더 멀리 달아나 버리는 것 같다. 누가 시키지도 않았고 굳이 내가 하지 않아도 크게 문제가 되지 않는 일에 왜 나는 이렇게 매달리고 있는 것일까? 처음 글을 쓰던 날이 떠올랐다.

아무런 계획도 없이 20년 다닌 직장을 하루아침에 그만두었을 때 마치 시속 100Km로 달리다 브레이크를 밟은 것처럼 잠시 시간이 멈춰 섰다. 시곗바늘에 매달려 살았던 시간이 반대 방향으로 돌아가는 것 같은 당혹한 느낌이 들었다. 쉼 없이 달려가는 세상의 시계에서 벗어난 것 같은 느낌이 두렵고도 낯설었지만, 경쟁과 속도에 밀려 미처 보지 못했던 하늘이, 꽃들이 눈부시게 다가왔다. 아이와 함께 걷는 길, 바람은 향기로웠고 세상 만물이 다 말을 걸어왔다. 늘 가까이 있었지만 보이지 않던 것들이 보이기 시작했다. 그리고 나는 누구인지. 왜 사는지, 존재에 대한 근원적인 질문과 함께 나 자신을 돌아보게 되었다.

내 주위에는 수많은 존재와 생명들이 함께 살고 있었다. 하지만 너무 바빠서 그걸 인식하지 못했다. 경쟁과 속도에 밀려 주위를 돌아볼 여유를 갖기 힘들었다. 조금만 관심을 갖고 멈춰 서면 볼 수 있고, 느낄 수 있는 것들을 못 보고 살아왔다. 내가 보고 싶은 것만 보고 살았던 것 같다. 글을 쓰면서 보이지 않는 것들의 가치를 알게 되었고 새로운 인생을 살게 되었다.

책을 읽고 글을 쓰는 즐거움에 빠져서 시간 가는 줄 모르고 살 던 어느 날, 신문에서 삶의 향기 동서문학상 광고를 보게 되었다. '커피와 문학' 너무 어울리는 단짝이었다. 그때 동서문학회가 있다는 것도 알게 되었다. 문학을 사랑하는 사람들의 모임이라니! 너무 설레고 꼭 가입해서 함께 하고 싶은 마음이 간절했다. 하지만 등단자는 응모할 수 없어 실망이 컸다. 시로 이미 등단을 해서 포기하려던 찰나 아동문학 분야가 눈에 들어왔다. 아, 동시로 응모를 해봐야겠다고 생각하며 쓰기 시작했다. 처음 쓰는 동시라 낯설고 자신도 없었지만 문학회에서 함께 하고 싶은 소망에 용기를 냈다. 다행히 입상을 해서 문학회에 들어오게 되었고 10년 넘게 활동을 하고 있다.

문학회에 들어와서 처음으로 아동문학을 하는 문우들을 만나게 되니 너무 반갑고 든든했다. 문학을 사랑하는 사람들이 함께 한다는 사실만으로도 큰 힘이 되었다. 그 후 동시를 꾸준하게 써서 등단도 하고 2019년에는 첫 동시집도 발간했다. 앞으로 더 노력해 동서문학회의 명성에 걸 맞는 작가로 성장하고 싶다. 오늘은 실패했지만 실패가 아니라는 것을 나는 안다. 쓰고 또 쓰다보면 길이 열린다. 그리고 그 길을 함께 하는 동서문학회 회원들이 있다. 나는 포기하지 않고 쓰고 또 쓸 것이다. 늘 함께 해주는 문우들께 감사드리며 문학 안에서 꿈을 펼치며 더욱더 행복하고 성장하는 동서문학회가 되길 기원한다.

마음이 흘러가는 대로

한태경 (2010년 수상)

새벽에 잠이 깨어 마음속 글밭으로 빠져들어가다가 문득, 내가 왜 잠도 안 자고 이러고 있지, 쓰지도 못하는 글을 붙잡고 있지, 하다가 이 노래가 생각났다.

강동도서관에서 김혜진 작가가 들어보라며 틀어준 노래. 처음 들었을 때, 마치 내 마음을 노래한 것 같아서 눈물이 났었다.

마음이 흘러가는 대로 / 김목인

사람들은 마음이 흘러가는 대로 하라 그러는데
가끔 자기 마음이 어디로
흘러가는지 모를 때도 있잖아
그래서 한번 어디로 가나 보니
여기로 흘러온 거예요

사람들은 당신이 왜 이걸 하고 있지
하고 말하는데 따지고 보면
이게 원래의 나였는지 누가 알까요

누구나 만일 인생에 가지 않은 길이 있다면
언젠가 그 길을 다른 곳에서 가게 되고
그러기 전까지 우린 인생의 어린아이죠

아, 이게 나였구나
내가 여기서 흐르고 있었는데

나는 상 복이 없는 사람이다. 어릴 적에도 개근상 말고는 상을 받아본 적이 없다. 내가 뭘 잘하는지 생각해 본 적도 없다. 난 그저 동네를 휘젓고 돌아다니고, 멀쩡한 교문을 두고 학교 담벼락에 난 개구멍으로 기어들어가고, 누구라도 못됐다고 생각되는 짓을 하면 돌멩이를 던져서 머리를 깨버리고, 대문 앞에서 벌 받는 아이를 데리고 와서 신나게 술래잡기를 하던, 할머니가 망아지라고 부르던 아이였다.

그 망아지가 언젠가부터 말 없는 아이, 웃지 않는 아이가 되고, 점심시간이면 혼자 운동장 벤치에 앉아 굴러가는 낙엽만 바라보는 아이가 되고, 작은 일도 눈덩이처럼 느껴서 죽으려고 수면제를 사 모으는 아이가 되고, 그러다 다시 졸졸 흐르는 시냇물 같은 아이가 되었다.

시냇물 돌 틈에는 작은 물고기들이 모였다가 흩어지며 저마다의 이야기를 들려주었다. 대부분은 아프고 슬픈 이야기였는데 듣다 보면 어느새 물고기는 사라지고 이야기만 남았다. 난 그들의 이야기를 마음속에 간직하고 노트에 적기 시작했다.

누구나 세상에서 자기가 가장 힘들다고 생각해.
하지만 세상의 모든 괴로움을 모아서 쌓아놓고
똑같이 나누어 그 하나를 가지라고 한다면, 넌 그걸 가질까.

마음속 질문에 답이 나왔을 때, 난 어른이 된 것 같았다. 가고 싶은 길이 생겼다고 생각했다. 하지만 시간이 흐르고 진짜 어른이 되어가며 그 길을 잊었다. 어느 날, 오래도록 잊었던 그 길이 다시 생각났을 때 나는 40대 후반의 경희사이버대 문예창작학과 학생이 되었다.

공부가 마냥 좋았던 것은 아니다. 시, 소설, 수필, 아동문학, 희곡, 과제와 합평에 치여서 내가 무얼 쓰고 싶은지 알 수도 없었다. 졸업할 즈음에야 아동문학을 하겠다고 마음먹었다. 공모전에 응모하라는 선배들의 종용에, 내가 쓰고 싶어서 쓰는 데 왜 평가받는 공모전에 내느냐며 고집을 부렸다. 쓴소리로 옆구리를 찌르는 후배도 있었다. 지금 생각하면 그 선배들과 후배들이 내가 동서문학상에 다가가도록 물길을 내어준 것 같다.

동서문학상은 내게 무거운 상이다. 수상 소식을 듣고 인터뷰를 하면서, 내가 모르던 세계로 살짝 발을 들여놓은 설렘과 함께 무거운 돌덩이가 누르는 것 같은 부담감이 밀려왔다. 지금까지는 그냥 썼을 뿐인데 이제는 제대로 써야 하고, 계속 써야 한다는 무언의 압박이 느껴졌다. 아직도 제대로 쓰지는 못하지만, 그렇기에 내게 동서문학상은 더 무거운 상인 것이다. 한편 동서문학상은 고마운 상이기도 하다. 동서문학회로 건너올 수 있는 징검다리가 되어준 상이니까. 여성 회원만 있기에 더 편하게 마음을 터놓을 수 있는 곳. 동서문학상이 아니었으면 어디서 이런 사람들을 만날 수 있었을까. 오직 문학회 회원들과만 할 수 있는 이야기가 있다. 글과 문학을 넘어 이제는 삶과 죽음의 이야기까지도 함께 나눌 수 있는 동반자가 동서문학회에 있다.

어떻게 동서문학상에 응모하고 수상을 하고, 동서문학회의 일원이 되었느냐고 묻는다면 이렇게 대답하겠다. 마음이 흘러가는 대로 따라서 오다 보니 여기까지 왔다고. 어느새 이 길로 접어들어 왔다고.

내 마음이 어디까지 흘러갈지 아직도 모른다. 하고 싶은 것도 많고, 더 해볼 것도 많기에. 네가 왜 이걸 하고 있지, 하고 누군가 또 묻는다면 대답하겠다.

나는 아직 흐르고 있다고.

여기 이렇게 마음 따라 흐르고 있다고.

이게 원래의 나였는지도 모른다고.

3부

향기로운 항해

동서문학상이 만들어 준 문학의 파고는
다시 시작하라는 신호이기에,
내 삶에서 견뎌내고 싶은 흔들림이기에.
창문을 열어 시원한 바람과 마주 섰다.

문자메시지

이수연 (2020년 수상)

며칠째 도서관은 연체된 책 한 권을 찾고 있다고
매일 아침 문자메시지를 보낸다
기계는 제 할 일을 할 뿐이지만
매일 아침 옐로우 카드를 받은 선수처럼 내 마음은 분주하다

《나무를 심은 사람》
책은 나무 한 권 심고 지구를 떠났나,
어쩌다 반납에서 빠진 책이
오늘 아침도 어김없이 제 존재를 증명한다

한번은 퇴근이 너무 늦어서
한번은 휴관일이어서
오늘은 눈이 너무 많이 내려서
나무를 심은 그 사람은 돌아가지 못 했다

너무 늦어버린, 연체된 대답은 없을까?
새삼 답장을 잊어버린 편지를 생각한다.
너무 오래도록 잊고 산 이름은 없을까?
새삼 오래 불러보지 못 한 당신들의 이름을 생각한다.

깨달음, 시간이 주는 그 아픈 선물을
그리움, 거리가 주는 그 갈증을
첫마음, 그 낮은 곳을 기억하라는
메시지가 오늘 아침에도 당도하는 것이다

동서야 기다려

손은주 (2020년 수상)

치, 치, 치, 내가 잡히나 봐라

그렇게 시작된 이야기야

꽃이란 이름 너를 찾다가 지독한 감기에 걸렸거든
절제를 잃어버린 몸은 빗속에서 탭댄스를 췄지

이럴 땐 웃음꽃 한 다발 시詩구에 떨어뜨리는 상상을 해
그런 다음 밤낮으로 부둥켜안는 연습도 했어
시간은 훌쩍 잘도 흐르더군,
원추리 꽃말 너머 휘파람새 자유로이 날 수 있을까
한 구절 한 구절 피어나지 못해 잔잎에 날카로운 톱니처럼 꿈틀대던 시어

콩알만 한 엔돌핀 톡톡, 봄 아지랑이로 뛰어 들어가면 좋겠다
싹이 틀 거야, 젖어 든 꽃들이 고개를 들면 우리의 숨바꼭질은 끝이 날까

시간의 길목 어딘가 喜와 哀 사이에서 오랫동안 너와 입맞춤 하고 싶어

비가 멈추고 얼음장에 갇힌 성에가 깨어나
시詩의 꽃잎 날릴 때 경쾌한 왈츠 되어 웃겠지

내가 동서를 잡았거든

동서문학회로 오는 길

박혜원 (2012년 수상)

'동서문학회'에 들어가 보고 싶었다. 여성들로만 이루어진 문학회라니. 게다가 시, 소설, 수필, 아동문학까지, 각기 다른 분야의 글 쓰는 사람들이 함께 모여 활동한다니 새롭고 놀라웠다. 그들의 인터넷 커뮤니티를 둘러보려 홈페이지를 클릭했다. '동서문학상 수상자들'만 가입할 수 있다는 문구가 떴다. 그래서 무작정 '삶의 향기 동서문학상'에 응모했다. 그리고 그해, 제일 낮은 상을 받고 간신히 문학회에 들어갈 수 있었다.

수상했을 당시 기분이나 소감이 아닌, 동서문학회에 들어간 이후 이야기를 편하게 적어보려 한다. 이 글을 읽고 문학회에 매력을 느껴 '삶의 향기 동서문학'상에 도전하는 여성이 더 많아졌으면 하는 바람이다. 그래서 짧은 지면으로는 다 담지 못한 좋은 점들을 직접 경험해 보았으면 한다.

-성장을 더해가는 곳

'동서문학회'는 매달 한 번씩 모임을 한다. 자체 행사를 할 때도 있고 여러 분야의 작가를 초청해 강연을 듣기도 한다. 회원들의 글을 모아 동인지를 출간하고, 일 년에 한두 번 문학기행을 간다. 행사가 끝나면 단체 식사를 하고 분과별로 모여 차를 마시며 정보와 서로의 근황을 나눈다. 물론 코로나 시기에는 방송으로 만나기도 했지만 특별한 경우를 제외하면 비슷한 일정이다. 소액의 회비를 내고 어떻게 이런 다양한 활동을 할 수 있는 걸까. 그것은 동서식품의 지원이 있기에 가능한 일이었다. 동서식품은 문학상을 여는 것에서 끝나지 않고, 수상자들이 성장할 수 있도록 지원을 아끼지 않는다. 여성의 글쓰기를 이렇게 응원해주는 곳이 또 있을까 싶다.

응원에 보답이라도 하듯 회원들은 글로 좋은 성과를 낸다. 책을 출간하기도 하고 굵직한 문학상을 받기도 한다. 문예지나 신춘문예로 등단하는 작가들도 꾸준히 나오며, 예술단체에서 지원해 주는 출판지원금에 선정돼 책을 내는 경우도 많다. 이렇게 성장이 더해져 가면서 동서문학회는 여성 문인 단체로 탄탄히 자리 잡아 가고 있다. 회원들을 위해 자꾸 뭔가를 더해주려는 동서식품, 그리고 보답이라도 하듯 성장을 더해가는 회원들. 바로 동서문학회의 모습이다.

-쏙쏙 빼드립니다

문학회에 처음 들어왔을 때 호칭을 어떻게 불러야 할지 애매했다. 그래서 처음에는 무조건 언니라고 했다. 사교성도 별로고 낯도 많이 가리면서 언니라니. 아이러니한 일이지만 선생님이나 선배님이라 부르는 게 그때 내게는 더 어려웠던 것 같다. 하지만 이제는 어렵지 않게 부를 수 있게 됐다. 존중의 의미이자 모두가 인생의 선배님과 선생님이란 것을 시간이 흐르면서 자연스럽게 깨달았기 때문이다. 이런 이야기를 하는 이유는 동서문학회에서는 엄격한 선후배 관계가 없다는 말을 하고 싶어서다. 처음 내가 언니라 부를 때도 모두 친근하게 받아 주었고 이제 다른 호칭으로 불러도 다들 신경 쓰지 않는다. 기수가 빠르거나 늦어도, 나이가 위거나 아래여도, 서로를 존중해 주는 마음만 담겨 있다면 괜찮은 거였다.

게다가 이 사랑스러운 선배님들이 자꾸 나의 게으름을 다이어트 시킨다. "혜원 씨 요즘 어떤 글 써?", "글 쓰고 있죠?", "다음은 뭐 쓸 거예요?" 당연하게 건네는 안부 인사에 나는 자주 뜨끔 한다. 반복되는 일상에 치여 글에 집중하지 못하다가도 '아, 이곳은 문학 하는 곳이지!'라는 생각에 이르자 얼른 정신 차리고 노트북 앞에 앉는다. 척추가 안 좋아 오래 앉아 있기 힘들지만 매일 한두 시간이라도 짬을 내 본다. 그러다 보면 어느

새 글이 조금씩 만들어진다. 허례허식도 쏙 빼고 나의 게으름도 쏙쏙 빼주는 이곳. 정말 다닐수록 멋진 곳이 아닌가.

-나누다 보면 곱이 되어 돌아오고

수상이나 등단, 출판 소식 등 회원에게 좋은 소식이 생기면 분과별 단톡방이 축하 인사로 바쁘다. 자기 일처럼 진심으로 기뻐해 주는 게 느껴진다. 기쁨을 나누면 곱이 된다더니 맞는 말인가 보다. 진심으로 축하를 나누던 다른 회원에게도 금세 좋은 소식이 날아드니 말이다.

정을 나누는 동서문학회에 대해 말하자면 끝이 없을 정도다. 나는 이곳에서 만난 글벗들과 이십 년 가까이 우정을 쌓아가고 있다. 나이나 분야는 상관없다. 어느 순간 친구가 되었고, 기쁨은 물론이요, 아픔까지 함께 나누게 되었다. 한때 몸이 안 좋았던 적이 있었다. 너무 갑작스러웠기에 우울감이 찾아왔고 사람들을 만나는 게 싫어 피했었다. 그때 글벗들은 나를 묵묵히 기다려 주었다. 그리고 내가 받아들일 준비가 되었을 때, 단숨에 달려와 나를 꼭 안아 주었다. 평생의 글벗을 만들어준 동서문학회. 이렇게 소중한 벗들을 얻었으니 기쁨이 어찌 곱이 되지 않을 수 있을까.

'삶의 향기 동서문학상'에 응모하지 않았더라면, 그래서 문학회에 들어오지 않았다면 지금 나는 어떤 삶을 살고 있을까. 회사 일과 집안일에 치여 본격적으로 글을 써야겠다는 생각조차 못 했을지도 모르겠다. 이런 생각을 하니 마음이 급해진다. 용기 내어 말해야겠다. 어서 빨리 '삶의 향기 동서문학상'에 도전해 보라고. 그 끝에 '기회'라는 멋진 여정이 당신을 기다리고 있다고 말이다.

글 꽃 피우다

이숙희 (2012년 수상)

글의 발아점

나는 문학인으로 산다는 생각은 전혀 하지를 못했다. 다만 고등학교 때 기차에서 만난 부산 남학생과 3년 동안 편지를 주고받은 것이 글의 전부다. 단지 편지 쓰기 위해 단시간 안에 세계문학전집 책들을 모조리 읽어내기 시작했다. 망루 같은 나의 다락방엔 항상 달이 자랐고 남학생을 품은 나의 가슴에도 문장의 새싹이 돋기 시작했던 것 같다. 설레는 마음 속엔 수분과 온도가 적절했으며 호기심이 양분이 되어 떡잎이 작게 자라나고 있었다.

그리하여 문학소녀라는 호칭도 얻게 되었고, 작은 팬크럽마저 생기게 되었다. 중 고등학교 시절 문학의 씨앗은 발아하였으나 제대로 싹을 틔우지 못했고 글에서 싹이 돋기 시작한건 시를 배우면서부터이다. 시를 쓰게 되면서 문학의 텃밭엔 어린 떡잎이 하나둘씩 피어나기 시작했다.

선생님의 칭찬은 햇빛과 부드러운 흙의 역할을 잘해주어 글 쓰는데 생육조건이 좋았다. 사실 나는 동서문학상을 비롯하여 공모전 자체가 존재 하는 줄도 몰랐다. 문학의 세계를 전혀 몰랐으니까. 하지만 감성을 품은 내 가슴속엔 엽록소가 팽배해 지고 나의 글감이 점점 늘어갈수록 나는 문학이라는 말이 점점 좋아졌다.

글의 싹에서 향기가 날 때,

어느 날 같이 시를 배우던 대학친구가 문학상 공모전에 시를 낸다고 했다. 남들이 장에 가니 지게지고 따라가듯 나는 제대로 된 시 한편도 없이 세 작품을 겨우 완성시켜 투고를 하였다.

그리고 발표하는 날도 잊어버리고 산으로 들로 딴 짓만 하고 다녔다.

"이숙희씨 동서문학상 시부문 가작으로 당선되었습니다."

"제가요? 뭐가 당선되었어요?" "거기가 어딘데요.?" 아이러니한 물음이었다. 사실 나는 시를 던져놓고 어디에 시를 냈는지도 잘 기억이 나지 않았으니까.

알고 보니 오랫동안 공부했던 친구들은 모두 다 떨어지고 그 중에 나만 당선 되었다. 친구들은 그리 쉽게 당선되는 곳이 아닌데 특히 운이 좋았다고 했다. 하지만 세월이 지나고 당선된 시를 다시 읽어보니 지금의 시보다 되레 그 시가 순수하고 좋았다. 제목은 "빨래였다"

빨래

낡은 건조대에 빨래를 너는데
덥썩 어머니의 마른 뼈가 잡힌다
만질 때 마다 차갑고 딱딱한 인공관절에서
그렁그렁 쇳소리가 난다
다리를 곧추세우며 애써 서 있는 건조대에
반 토막으로 접힌 어머니의 생이 걸려있다
거꾸로 매달려 태엽을 풀고 있는 몽땅한 그림자,
허기진 짐승이 마른 등짝을 아귀차게 발라대어
햇살 아래 떨어진 기억의 각질들이 희끗하다
쉽게 바람의 길을 내주지 않았던 꼿꼿한 고집이
변덕스런 날씨에 어깨를 늘어뜨린 기죽은 모습
달려오던 시간의 발걸음은 이곳에서 멈추었다
소멸될수록 더욱 뚜렷해지는 기억의 그림자들
길게 목을 늘여 어머니의 집으로 들어가고 있는지

헐거워진 갈비뼈에 손을 넣어 봐도
아무것도 잡히지 않는 바람만 사는 어머니의 집

글 뿌리가 뻗어 탄탄한 자리매김이 되는 걸까. 나의 토지는 이미 양분이 가득하게만 느껴졌다. 나는 동서문학상에 당선이 되었으니 시를 써도 되는 사람인가 밝은 기운이 온몸 가득 녹아내리고 있었다. 마침내 나의 시는 어린 싹을 틔우기 시작했고 나는 완전히 시마에 빠지게 되었다. 온통 사물이 시어로 가득해 나의 세계는 삶 자체가 시였고 문장이었다. 동서문학상 수상을 계기로 글의 성장점에서 내 정서에 물을 듬뿍 주게 된 것이다.

문학인으로 자부하는 지금은 삶 자체가 하나의 문장이 되었다. 글에도 완성이 없듯이 나의 삶도 완성은 없다. 계속 수정되고 수없이 퇴고되어 발고하는 그날까지 힘차게 튀어 오를 것이다. 문득 나의 문학적 새싹의 역사를 되돌아보니 이제 그 새싹으로 영양으로 풍부한 요리법을 배우고 싶다. 몸의 구석구석에 들어가 양분이 되어주고 피부를 곱게 가꿔줄 새싹들이 다양한 요리로 손님들에게 한 상 나아갈 수 있도록 문학적 역할을 다 해야겠다.

울컥, 동서문학상

김경희(2014년 수상)

괜히 서글픔이 마음에 스미면 동네 산길을 걷는다. 삶의 무게가 얹힌 산책길에는 주로 책 속 인물들이 스쳐간다. 2012년 늦가을 그날도 다갈색 낙엽이 깔린 집 뒤꼍 산에 올랐다. 밥을 굶으면서까지 돈을 모아 장만한 외투를 불량배들한테 빼앗기고 고관을 찾아가 도움을 청했지만 결국 죽음에 이르는 '아카키예비치', 오줌보가 터지도록 차디찬 강물을 다섯 사발이나 마시고 어기적거리며 피를 팔러 가던 '허삼관'도 떠올랐다. 고골리의 《외투》, 위화의 《허삼관 매혈기》가 내 삶과 켜켜이 겹쳤다.

당시 나는 방문교사로 저녁 늦게까지 학생들을 찾아가 지도했다. 소설 속이나 현실이나 살아낸다는 게 힘에 부치고 하루하루가 절실했다. 그새 시간이 널뛰기했는지 잎을 떨군 나무들이 수척하고 가을이 깊어지고 있었다. 목덜미에 파고드는 바람을 느끼며 터벅터벅 걷는데 주머니 속 휴대폰이 울렸다.

"삶의향기 동서문학상 운영위원회입니다. 김경희 님 맞나요?"

어찔했다. 걸음을 멈추고 소나무를 붙잡았다. '동서문학상'은 오랜 시간 내 안의 목마름이었다. 오래전 '맥심상'에 이름을 올려보고, 생활 형편이 기우뚱해지면서 "문학은 내게 사치다."라고 매정하게 몰아냈다. 두 해마다 공모 소식이 눈에 들어왔지만 마음만 글썽글썽 사는 게 먼저였다.

2012년 11회 동서문학상 공모, '울컥'이라는 부사가 내 안에서 올라왔다. 10월 8일 마감 날, 응모할 글을 다듬고 나니 시곗바늘은 밤 11시. 조급해졌다. 마음을 어르고 얼러 자정 넘기 전에 눅진한 삶의 이야기 두 편, 여성의 주체성을 담은 수필 한 편을 온라인으로 접수했다. 소식이 없어 체념했는데 본선에 올라 면접을 봐야 한다는 전화였다. 장소와 날짜, 시간을 알려주었다. 순간, 바람에 나뒹구는 굴참나무 잎에서 맥심 모카 향이 났다. 향기가 가슴으로 들어오니 바게트처럼 딱딱했던 내 마음이 말랑해졌다.

딱 10년이 흘렀지만 면접, 동서문학상 발표 그리고 시상식 날이 어제인 듯 선명하다. '문협'에 가니 지방에서 기차를 타고 온 수상자 후보들도 여럿 있었다. 한 사람씩 호명하면 안내에 따라 자리로 가 묻는 말에 솔직하게 답변했다. 누가 어느 상을 받는지는 알려주지 않았다. 발표는 동서식품 홈페이지에 난다고 했다.

군 복무 중인 아들에게 동서문학상 발표 날을 기다린다고 편지를 썼다. 하루하루가 달팽이처럼 기어갔다. 발표 날 아침, '삶의향기 동서문학상 홈페이지'는 접속 폭주 탓인지 버퍼링이 걸려 꿈적하지 않았다. 한참 만에 홈페이지가 열렸다. 수상자 명단 목록 수필 부문 '입선'부터 내 이름을 찾아갔다. 스크롤을 올려 '가작', '동상' 칸에 이르니 심장이 뛰었다.

"따르릉. 따르릉."

하필 긴박한 그 순간에 집 전화기가 울렸다. 수화기를 드니 아들 이윤범 일병이 목소리를 높였다.

"엄마, 엄마 스타킹이 꼭대기에 걸려 있어요!"

"뭐라고? 내 스타킹이?"

나는 컴퓨터 앞으로 다가가 모니터 스크롤을 휙 올렸다. 아들의 말은 뻥이 아니었다. 김경희의 <스타킹>이 생각지도 못한 꼭대기 금상 칸에 떡하니 걸려 있었다. 취사병 아들은 행보관께 계란 두 개를 '써니사이드업' 해서 식판에 얹어드리고 아침 식사가 끝나길 기다렸다가 다가갔다. "충성!"을 외치고 상황을 말씀드리니 휴대폰을 선뜻 빌려주셨다. 제 엄마 이름을 발견하고 행보관께 달려가 결과를 보고했다.

"이 새끼 동작 봐라!"

어머니께 당장 축하 전화를 드리라고 정강이를 걷어차 아들은 울컥하여 세 번째는 거수경례만 했단다.

동서식품이 살아낼 용기를 안겨주었다. 2012년 수상으로 나는 안에서 도려냈던 글쓰기와 다시 뜨겁게 포옹했다. 삶의 그 한 컷은 평생 잊을 수가 없다. 소공동 플라자호텔에서 품격 있게 치러진 시상식, 피붙이만큼이나 진정으로 축하해주며 꽃다발을 안겨준 지인들, 케이크 커팅 기념사진을 찍을 때 가장자리에 있는 나를 안쪽으로 안내하며 끝자리로 가서 서던 안성기 배우님…. 2012년 11회 삶의향기 동서문학상을 떠올리면 '울컥'이 다시 울컥해진다.

"여자들이여, 스타킹으로 도발하라. 스타킹은 세상으로 나가라고 끊임없이 불꽃 신호탄을 쏜다. 살다 보면 기분이 싹둑싹둑 가위질당하는 날이 있지 않은가. 햇볕에 문어처럼 축 늘어진다 싶은 날에 다리를 에로틱하게 입혀라. 고리타분한 관습을 벗겨내고 잡아당기면 쭉 늘어나는 스타킹처럼 유연해져보아라. 지르퉁한 채 갇혀 있지 말고 스타킹을 꺼내 다리를 화장하라. 밋밋한 살갗을 감각 있게 색칠하라. 남자들이 느끼지 못하는 촉감과 아찔함을 맘껏 누려라."

여성에게만 응모 자격을 부여하고 과분한 상금을 주고, 문학 활동을 적극 지원하는 동서식품은 대한민국의 멋진 기업이다. 여성들이여, '삶의향기 동서문학상'에 도전해 잠자고 있는 문학의 꿈을 흔들어 깨워라. 수상자들의 모임인 '동서문학회'에 가입해 끈끈한 동질감으로 마음을 나누고 문학의 끼를 마음껏 발산해보라. 자존감이 살아나고 기쁨이 가득해지리라.

아나벨 핑크 수국이 피기까지

성윤숙 (2014년 수상)

'꽃들의 체온' 이라니. 올해 출간한 동인지는 분홍색 옷을 입고 도착했다.

내가 좋아하는 아나벨 수국 핑크색이다. 포장지를 뜯고 책장을 넘기며 새 책에서 풍기는 잉크냄새에 나는 설렌다. 목차를 훑는다. 문우들이 저마다의 인생에서 피워낸 삶의 향기가 전해져 온다. 활자로 된 내 글의 페이지를 찾아 읽는 순간, 또 다른 내가 당당하게 걸어 나오는 것처럼 반갑다.

살림을 하면서 느낀 이야기들을 쓰면서 나만의 마음공간을 펼칠 수 있었다. 누가 알아주지 않아도 글 쓰는 시간이 좋았다. 그래서 터무니없는 실력이지만 스스로 써놓은 글에 감탄하면서 문자가 문장이 되는 과정을 즐겼다. 주춧돌하나 서까래 기둥도 변변하지 않은 사람이 겁 없이 집을 짓듯 마구 글을 썼다. 그러다 제대로 공부를 하고 싶다는 생각에 강의신청을 했다.

수필아카데미 교실에 다니면서 말과 글의 구성에도 생각의 근육이 절실하구나 싶었다. 다양한 책을 읽고 낯설게 바라보는 시선으로 나만의 글 소재를 찾기 시작하니 새로운 세상이다. 어느 날 선생님께서 동서식품 공모전에 응모해보라는 귀띔을 해주셨다. 마감 하루 전 두 편의 원고를 우편으로 보냈다. 그 때까지 나는 이런 공모전이 있다는 것조차 알지 못했다. 평소에 일기나 詩같은 걸 긁적거리며 시작한 글쓰기가 공모전까지 도전하게 만들었다는 사실이 신기하게 다가왔다.

문학상 수상이라는 영광이 나한테 주어지리라고는 상상도 못했다. 시상식에 딸과 동행하면서 모녀간에 추억 하나를 더 만들었다. 무엇보다 결혼을 앞둔 딸이 남자친구와 꽃다발을 건네주며 자랑스러워하던 표정을 잊을 수가 없다.

상을 받은 후 동서문학회에 가입하고 이어진 인연들은 더 소중했다. 첫 모임에 갔던 날, 근처 지하철역에 미리 나와 반갑게 맞아주던 문우들의 모습에서 같은 길을 걷는 동지애를 느꼈다. 어딘가에 소속이 되어 있다는 사실이 든든하고 좋았다. 각 부문 수상자들로 이루어진 회원들은 1년에 한 권의 동인지가 탄생할 때까지 서로 합평해주며 좋은 자극을 준다. 부족한 글이지만 책임감으로 빠지지 않고 참여하고 있다. 또한 동서식품에서 두달에 한번 보내주는 사보집을 읽을 땐 품위 있는 반가운 친구를 만나는 기분이 들곤 한다.

한 달에 한 번 모일 수 있는 문학모임이 있어서 좋았다. 1년에 딱 한 번 있는 1박2일 문학기행은 말해 무엇할까. 첫 문학기행으로 떠났던 1박2일 직지사에서 우포늪까지 갔던 여행은 잊을 수가 없다. 늪을 사랑해서 거주지까지 옮긴 환경지킴이 선생님의 책을 읽으면서 감동을 받았다.

글밭을 열심히 가꾼 문우들이 출간한 책을 우편으로 받을 때 그 기쁨은 얼마나 고마웠던지. 문학을 통해 한 여성의 생이 풍성해지고 발전을 하는 모습이 자랑스러웠고 내적 성장통을 이겨낸 그들의 시간에 박수를 보내는 일도 감사한 순간이다.

생각하면 동서문학상 수상이 내게 가져다 준 변화는 수없이 많다. 좀 더 깊은 글을 쓰고 싶어 고향 능암으로 내려온 것도 사실이다. 시골에서 경험하는 모든 것들은 수필의 소재가 될 수 있다고 생각했다. 고향에 내려와 안정이 되면 글이 저절로 술술 써지리라 생각했다. 그런데 어떻게 된 일인지 도시에서보다 할 일이 더 많아졌다. 욕심과 비례라도 하는 걸까. 울타리가 없다보니 오다가다 들어오는 이웃들과 소통도 해야 하고 멀리서 찾아오는 친구들도 만만치가 않다.

쓰는 일을 포기하고 그냥 살아가면 될텐데 이 압박감을 놓지 못하고 사는 건 도대체 뭘까. 좋은 글을 쓰고 싶은 생각으로 늘 고민했지만 고향의 자연들은 걸핏하면 나를 밖으로 몰아냈다. 책상 앞에 진득하니 앉아 있을 수가 없다. 비가 내리거나 골짜기 사이로 물안개가 피어오르기라도 하면 무조건 들길을 걸었다. 자전거를 타고 강둑을 달리면서도 떠오르지 않는 단어를 생각하며 페달을 밟았다. 잡초를 뽑으면서도 글쓰기만 생각했다. 그럼에도 쉽사리 길을 터주지 않는 문장의 벽 앞에서도 피어오르는 꽃을 나는 상상한다.

멀거니 바라보다 삐죽이 고개를 내민 담쟁이와 눈을 마주친다. 상상은 독백으로 이어진다.

"핑크 수국을 좋아한다지"?

그 수국은 추위에도 강하고 햇살과 가뭄에도 꽃 색깔을 유지한다네.

열쇠를 받다

송주형 (2014년 수상)

2014년 10월 29일 오후3시5분 "딩동"하는 카톡 소리에 무심코 핸드폰을 열었다. 오래도록 기억에 남을 소중한 메시지 한 개가 들어왔다.

"송주형님, 수상을 축하드립니다."

동서 문학상 운영위원회에서 온 문자 내용을 보는 순간, 배꼽 위에서부터 싸하게 경련이 일었다. 마치 파란 잉크가 물에 번지듯 가슴에 퍼지는 통증 같은 환희가 나를 감쌌다. 나도 모르게 얼굴에 열이 올랐다. 스스로 인정받는 일이 이렇게 간절했구나 싶었다. 아들 녀석이 옆에 있다는 것이 느껴지자 무조건 끌어안고 외쳤다.

"엄마도 해냈어."

어느 날 길거리에 붙어 있는 현수막을 보았다. "문예대학 수강생 모집" 홀린 듯 발걸음을 멈추고 한동안 바라보며 서있었다. 나를 툭 치며 스치는 행인에 의해 정신 차리고 그 전화번호를 핸드폰에 저장했다. 꼭 가서 공부하리라 다짐했으나, 접을 수밖에 없는 사정이 생겼다. 남편이 운영하는 공장의 운영난으로 나는 출근을 하게 되었고, 아쉬움만 가슴 깊이 간직한 채 문예대학의 수업은 포기하고 말았다.

하루 종일 일을 하고 집에 돌아와 쓰러지듯 잠 속으로 빨려 들어가는 일상이 이어졌다. 2년여의 시간이 흐른 어느 날, 우연히 아파트 앞에 걸린 "문예대학 시 발표회"라는 현수막을 다시 보게 되었다. 자석처럼 저절로 발걸음이 멈춰서 옮길 수가 없었다. 나를 이끄는 것과 현실의 괴리가 느껴져서다. 그럼에도 마음속으로 넘실거리는 감정을 덜어내는 방법은 글쓰기 밖에 없다는 간절함이 더 해졌다.

왜 글을 쓰는 걸까? 글 솜씨도 부족하고, 문학적 토양도 얕은 내 글이 자라는 시간은 더디고 힘들었으나 유일한 탈출구가 되어주었기 때문이다.

슬픈 일은 기억하는 일 조차 힘들다. 어쩌면 그 그늘에서도 펜을 들고 자아를 버리지 못했다. 아픔이 없었다면 햇살을 찾아가는 과정에서 마주한 나의 초라함을 마주보려 하지 않았을지도 모른다. 반면 한없이 기쁘고 행복했던 날은 첫 아기를 낳았을 때다. 첫 아이와의 만남은 신비 그 자체였다. 내가 생명을 잉태하며 흘리던 눈물만큼 전신에 퍼지던 감사를 또 한 번

느낀 순간이랄까. 오래도록 갈망하던 문학에 대한 미련이 해소되는 날이기도 했다. 오롯이 나만의 성취감을 선물 받고 하고 싶었던 일에 대해 인정받았다는 기쁨을 누렸다. 동서문학상이 내게 전해 준 메시지는 입상 그 이상으로 삶에 대한 응원가로 전해왔다.

나는 여전히 사람들로부터 차분하다. 조용하다며 말 좀 하라는 이야길 자주 듣는다. 언어로 표현하는 것에 다 미치지는 못하지만, 생각하고 느끼고 수용하는 감정들을 펼쳐내어 글로 표현 할 수 있다는 것에 감사한다. 그 열쇠를 내 손에 쥐어준 시작이 동서 문학상이다.

행복 열차

윤영순 (2014년 수상)

《삶의 향기》 책자를 받아보던 중이었다. 동서문학 회원들이 문학기행을 다녀온 사진을 보고 가슴이 콩콩 뛰었다. 하늘을 향해 두 팔을 높이 들고 날아오르던 그들은 마치 날개를 단 것처럼 행복해 보였다. 동서식품의 후원과 성원 속에 여성 문인들이 저마다 꿈을 키워가는 곳. 그 무리 속에 내 모습을 상상하며 꿈을 키웠다.

아버지를 떠올리면 늘 묵직한 돌덩이가 가슴을 짓눌렀다.

"지는 게 이기는 겨!", "순리와 역지사지"라는 말을 달고 사셨다. 무슨 일이든 상대방 입장으로 생각하면 이해 못 할 일도, 용서 못 할 일도 없다면서 말이다. 그때마다 무능력한 패배자의 변명으로 들려서 귀를 막았다. 지긋지긋하게 가난한 것도 아버지의 고루한 성정 때문이라 여겼다. 더불어 사는 삶을 몸소 실천 하다가 떠날 때도 어느 한 가정을 온전히 지켜주고 가셨다.

자식을 낳고 기르면서 내가 저절로 성장한 게 아님을 깨달아 엉킨 실타래를 풀어내듯이 가닥가닥 풀었다. 마음은 한결 가벼워졌으나 내 역량 부족해 송구할 따름이었다.

당선작 발표 날, 마음을 비우겠다는 다짐과 달리 몸은 어느새 컴퓨터 앞에 앉았다. 입선에서 내 이름이 눈에 들어왔을 때 기쁨인지 서러움이지 알 수 없는 눈물이 볼을 타고 흘렀다. 그토록 염원하던 문학회원은 호기심 많고 여행 좋아하는 내게 자유롭게 탈 수 있는 승차권 같았다.

시상식을 앞두고 남편이 뇌경색 증상으로 병원에 입원했다. 하루에도 몇 번씩 희망과 절망의 경계를 넘나들며 시상식은 남의 잔치라 생각했다. 아쉬움을 꾹꾹 눌러 두고 검사 결과를 기다리고 있을 때였다.

"자네, 오늘 시상식장에 다녀와."

"괜찮아요. 당신의 몸 상태가 중요하지. 시상식이 뭐라고."

"아니야, 자네가 안 가면 내 마음이 더 아플 것 같아…."

갈아입을 옷도 없고 차표도 없는데, 게다가 아직 마음도 불안한 상태였다. 난감한 내 표정에 남편은 휴대전화를 보라 했다. 며칠째 열어보지 못했던 메시지 안에는 아들이 보낸 서울행 기차표와 시상식장 앞에서 기다리겠다는 내 친구의 글이 있었다. 본인은 이미 일어난 일이라 운명에 맡기고, 나라도 행복했으면 좋겠다는 남편 말을 거역할 수 없었다.

친구 만나서 손을 잡고 식장으로 들어갔다. 한 사람씩 나가서 화려하게 스포트라이트를 받는 본상 수상자들을 보면서 부럽기도 하고 나도 언젠가 그 자리에 서고 싶다는 소망으로 씨앗 한 톨을 묻었다. 돌아오는 차 안에서 새삼 남편이 그립고 고마웠다.

글쓰기는 자신을 객관적으로 들여다볼 수 있는 거울이다. 쓰고 고치고 다듬는 과정을 통해서 내면을 들여다보고 나와 말 걸기가 시작된다. 몇몇 백일장에서 상도 받았으나 겉으로 보이는 허상이고 아직 내면에 근육을 채우지 못해 실바람에도 자주 흔들린다.

매월 정기 모임이 기다려지는 건 소소하지만 확실한 행복감을 느끼기 때문이다. 동서문학상은 내게 안정된 소속감과 동행할 글벗들을 만나게 해준 은인이다.

오늘도 나는 꿈을 향해 걷는다.

용이 되어 승천한 잣나무를 기리다

조계향 (2014년수상)

동서문학상과 인연이 된 지 벌써 10여 년의 세월이 흘렀다.

늘 그렇듯 말을 할라치면 말문이 막혀 할 말이 없기도 하고, 아니면 횡설수설 엉켜서 나오는 것 같다. 삶의 이야깃거리가 유독 내게만 몰려와 마음 속 말(언어)의 병목현상이 나타나는 것이라고 한다면 핑계일까?

인생의 힘든 고비와 사건들이 십대 후반부터 50대 초반까지 줄줄이 사탕처럼 일어났다.

고1때 광주 5.18민주화 운동을 직접 보고 겪었고 자식의 안위를 걱정하던 아버지가 몇 달 뒤에 돌아가시고 나자 광주를 떠나 고향으로 전학을 가야했다. 서울로 이사를 온 후엔 어렵게 벌인 엄마의 사업이 사기꾼에게 속아 다 날리고 쌀독의 쌀이 바닥이 날 때도 한 두 번이 아니었다. 이후 달라진 환경에 적응 못한 가족들과의 갈등, 어렵게 진학한 대학도 제대로 마치지 못한 채 직장을 다니다 대학 때 접했던 민족종교에 나름

심취하기도 했고 또 결혼도 했다.

어릴 때 심한 교통사고 후유증을 달고 살던 남편은 매년 크고 작은 병으로 근근이 해를 넘기고 있었는데 큰아이가 4살, 작은아이가 이제 막 돌이 지날 무렵에 결핵에 걸려 아이들한테까지 불똥이 튀고 말았다. 일하면서 남편과 아이들 둘을 돌보며 어찌나 정신없이 살았는지 그때 그 시간들은 사실 기억이 없는 편이다. 한창 재롱부리던 어린 아이들을 제대로 예뻐해 줄 여유도 없이 그냥 시간을 살아냈던 것 같다. 겨우 현실이 안정이 될 무렵 아주버니 사업실패로 우리가 살고 있던 집이 경매로 넘어가고 말았다. 우리 살던 집이 아버님 명의의 집이었는데 그 집을 담보로 사업자금을 융통했던 때문이었다. 경매로 집을 사고자 하는 사람들의 발걸음이 이어졌고 어디로 가서 살아야 할지 앞으로 어떻게 될지 불안한 마음을 달래려고 남편은 시간이 날 때면 북한산에 올랐다. 그러다 어느 날 향로봉에 올랐다가 하산 길에 발을 헛디뎌 추락했고 비행기로 현대아산병원까지 실려가 구사일생으로 목숨은 부지했다.

혼자서 아이 둘을 건사하며 생활을 책임져야 했던 난 이런 현실 속에서도 사고방식은 늘 판타지적이었다. 아마도 그런 사고방식이 나로 하여금 현실을 객관적으로 거리를 두고 보게 하고 살아가는 힘이 되었을 거라는 생각도 든다. 또 이 지구별에 내가 온 목적이 무엇인지를 늘 생각하면서 명상과 수행을 본업이라고 여기고 스스로를 들여다보고 사는 덕분이기도 했을 것이다. 그럼에도 내게 주어진 인생의 과제들이 너무 힘들 땐 거부하는 마음과 내 선택에 대해 원망한 적이 없었다면 거짓말일 테지만 받아들여지지 않고 이해되지 않는 그런 것들을 통해서 거부가 아닌 수용과 관념의 껍질들을 벗을 수 있게 된 계기는 되었다.

내가 가장 마음이 힘들 때 했던 명상은 위파사나였다. 그동안 모든 문제의 원인을 밖에서 찾았는데 점차 안을 들여다보게 되면서부터 비온 뒤 갠 하늘처럼 마음도 개이고 단순해져 평온해졌다.

어느 날 위파사나를 같이 하던 도반이 티베트스님을 초청해 모시고 명상수행이 있다고 함께 가자고 하기에 신청했다. 장소는 강원도 오대산 월정사 근처의 단독주택이었다. 그런데 그 무렵 태풍 매미가 전국을 강타했다. 그러나 다행히 내려가는 날은 심한 바람이 멎어서 내려가는데는 지장이 없었다.

일정을 마치고 곧바로 서울로 올라오긴 아쉬워 근처 월정사와 상원사를 도반들과 함께 둘러보았다. 태풍매미는 멈췄지만 개천 물은 폭포수 쏟아져 내리는 듯 우렁우렁한 소리를 내며 급히 흘러가고 월정사 올라가는 길은 여기저기 울퉁불퉁 심하게 패인데다 나뭇잎과 떨어진 가지 잔해들로 어지러웠다. 그런데 유독 저 앞에서 여러 사람들이 웅성거리며 빙 둘러 서 있기에 얼른 가봤다. 거기엔 오대산에서 수령이 가장 오래됐다는 600살 넘은 잣나무(전나무)가 쓰러져 있었다. 몸집이 크기도 하고 길기도 했지만 무엇보다 그 속이 텅 비어있는 것에 무엇보다 놀랐고 또 신기했다.

'저렇게 속이 텅 빈 상태에서 어떻게 600년이 넘도록 그 생명을 지탱해 왔을까?'

보는 동안 짜르르 안타까운 마음이 들었다. 그리고 그 나무의 고단했을 生에 공명이 되었다. '이 나무는 한 해 한 해 나이를 먹을수록 속을 비워냈구나. 그래서 지금까지 오래 살아왔던 것이구나. 나도 지금 生에서의 이런 저런 감정들과 집착들을 다 벗고 비워내야지' 그 나무를 보면서 나도 모르게 그런 생각이 저절로 들었다. 자연사물이 스승이 되어 내게 존재의 진리를 얘기해주는 것처럼 느껴졌다.

그런 고마운 가르침을 준 그 잣나무를 보며 한편으론 판타지적인 상상력이 나래를 펴기 시작했다. 길게 쓰러져 누운 600년 된 잣나무는 어느 새 1000년 묵은 구렁이로 변했다.

원래 용이 되어 승천하는 날엔 거센 비바람이 땅을 휩쓰는 법, 태풍매미가 괜히 온 것이 아니었다. 천년 묵은 이무기가 드디어 용이 되어 비바람을 타고 승천하기 위함이 아니겠는가. 그리고 그 허물은 보시다시피 저렇게 속이 텅 빈 채 덩그마니 남아 있는 것이다.

판타지적인 이런 내 상상 속 스토리를 할머니와 손자가 주고받는 이야기 詩로 적어두었는데 거기서 한글자도 버리거나 보탠 것 없이 그렇게 9년 동안을 서랍 속에 넣어두고 있었다.

그 후 애니메이션 시나리오와 테마파크용 동화를 쓰게 되면서 그때 써두었던 이야기 詩를 꺼내보았다. 많은 사람들이 태풍에 쓰러진 '월정사 잣나무'가 이야기로나마 용이 승천한 흔적으로 기억하면 참 좋겠다는 생각이 들었다.

그리고 그런 내 바람대로 '월정사 잣나무'는 동서문학상을 통해 세상으로 나오게 되었다.

결과적으로 월정사 잣나무는 내게 커다란 삶의 전환을 가져다주었다. 동서문학회와의 인연으로 이어지고 또 훌륭한 선배와 좋은 글벗들을 만나 지금까지 함께 올 수 있었기 때문이다.

날개

최선자 (2014년 수상)

동서문학상을 처음 알게 된 날을 잊지 못한다. 미처 알아차리지 못했지만, 날개가 돋아나려고 겨드랑이 밑이 스멀스멀했으리라. 방송통신대학교 국어국문학과 학생들인 우린 문학 동아리 모임이 끝난 뒤 저녁을 먹으려고 음식점으로 몰려갔다. 밥보다 먼저 나온 막걸리가 한 순배 돌고 나자 앞에 앉은 선배가 말했다.

—어제 문학상에 응모했어요.

—무슨 문학상인데요?

—동서문학상이요. 동서식품에서 후원하는 상이에요.

옆자리 선배가 내게도 응모하라고 부추겼다.

—선배님, 저는 이제 습작 다섯 편입니다.

—편수가 문제야? 후배 글 잘 써.

—응모해 봐라.

동갑내기 동기까지 부추겼다.

그날 밤, 잠이 오지 않았다. 이듬해 어버이날 주제 원고로 학보사에 보내려던 '몽당연필'이라는 제목의 작품이 있었다. '학보에 발표하면 방송대 학생들만 보겠지. 하지만 동서문학상을 받고 수상 작품집에 수록되면 전국의 독자들이 볼 게다. 돌아가신 친정엄마에게 용서를 구하자.' 새벽 두 시가 넘도록 고민하다가 동서문학상 응모를 결심했다.

나는 만학도였다. 2학년 1학기 기말시험이 끝나자 자식들이 고생했다며 여행을 보내줬다. 혼자서 떠난 강릉 여행, 버스 정류장에서 있었던 일이다. 지문이 남았을까 싶은 거친 손을 본 순간 덥석 잡았다. 손 임자인 할머니는 내 얼굴을 쳐다보며 빙그레 웃기만 했다. 옆에 있던 아주머니가 할머니는 청각장애인이라고 말해줬다.

친정엄마도 평생 허공에 언어를 썼다. 몽당연필이 되어버린 손을 가슴에 얹고 떠났다. 집에 돌아와서도 며칠 동안 가슴이 먹먹했다. 글로라도 풀지 않으면 병이 날 듯해서 써놓은 글이다. 철없던 시절에는 말을 못 하는 엄마가 창피했다. 학교 친구들한테도 엄마의 장애를 숨겼다. 학보사에 원고를 보내려고 했던 이유다. 이제 학우들 앞에 떳떳하게 엄마의 장애를 말하고 싶었다.

난생처음 문학상에 응모하고 당선되기만 빌었다. 맥심상 작품도 수상 작품집에 수록하는 줄 알았으니 맥심상이 목표였다. 일주일쯤 지나자 그것도 욕심 같아서 포기했다.

마음을 비우고 잊어갈 즈음 면담을 오라는 연락을 받았다. 실감이 나지 않아서 네, 네 대답만 하자 의외였던 듯하다. 전화하신 분이 면담은 본상만 한다고 말했다. 그래도 대답만 하다가 전화를 끊었다. 당선의 기쁨과 친정엄마 생각에 눈물이 봇물 터지듯 쏟아졌다.

자식들에게 전화 내용을 말하자 깜짝 놀랐다. 엄마가 수필을 쓰는 것도 문학상에 응모한 줄도 몰랐으니 당연했다. 큰딸이 말했다.

—엄마, 본상 이상이면 동상부터인데 무슨 상일까요?

—동상이겠지.

—은상일지도 몰라요.

—설마….

당선자 발표 날, 우리 모녀의 예상은 빗나갔다. 축하 전화에 손전화기가 뜨거웠다. 날이 가고 전화와 문자가 뜸해지자 문득문득 정말 당선되었을까? 시상식장에서 상장을 받아야 안심하겠다는 엉뚱한 걱정마저 들었다. 기다리고 기다리던 시상식장은 나를 주눅 들게 하기에 충분했다. 장소는 시청 앞 프라자호텔이었다. 넓은 행사장을 가득 채운 사람들과 사진을 찍던 기자들…. 나는 얼마나 긴장했는지 몸이 굳은 채 찬물만 홀

짝거렸다.

동서문학상 수상은 내게 꿈의 날개를 달아줬다. 쉰여섯 살에 중학교 검정고시 학원 야간반에 등록했다. 학원 공부 반년 만에 중, 고등학교 졸업 자격을 다 취득하고 방송통신대학교에 입학했다. 주춧돌 없이 집을 짓는 꼴이어서 공부가 무척 힘들었다. 아마 동서문학상을 수상하지 않았다면 포기했을 게다.

나는 하늘 높은 줄 모르고 날았다. 대학을 졸업하고 중앙대 예술대학원 문예창작 전문가과정에서 시와 소설을 공부했다. 재작년 가을 파일 속에서 잠만 자고 있던 원고에 대학원 교수님들이 용기를 주고 서둘러 주셔서 수필집도 발간했다. 다른 사람들은 넋두리로 보일지 모르지만, 행간마다 내 눈물이 흥건히 고인 작품들이다.

너무 멀리 날았을까. 이제 날개가 부러지려고 한다. 뒤늦은 공부와 글쓰기로 몸을 무리한 탓인지 허리 디스크 수술을 받았다. 오래 앉아 있으면 안 된다는 의사의 말에 소설 창작은 포기해야 한다.

이제 날개를 접는다고 해도 두렵지 않다. 늘 읽고 싶은 책이 있고, 가끔 배낭 메고 홀로 여행을 떠날 수 있는 마음의 여유가 있다. 특히 작가의 길을 열어준 동서문학상은 외롭고 쓸쓸한 내 노년의 강을 건너 줄 나룻배이다.

깨어있으면 꿈은 이루어진다

신현임 (2016년 수상)

2000년도 한길사 주최 혼불 독후감을 공모하는 행사에 응모해 가작이라는 상을 받았다. 열 권의 미완성 작품을 남기고 작가는 세상을 떠난 일주년, 읽고 느낀 점에 내가 겪은 이야기에 할 말이 많은 시기였다. 예술의 전당에서 시상식이 있었고 난생처음 그런 곳엘 가보니 별천지였다. 시와 수필, 소설의 어디쯤에도 기웃거려 본 적 없던 나는 문학 초보였다.

생활에 치어 꿈만 꾸다 흘려보낸 시간들. 어느 날, 금촌역 사거리에 플래카드가 펄럭였다. 문인협회 파주지부에서 문학을 꿈꾸는 분들을 가르친다는 내용이었다. 그 펄럭임은 마치 날 오라 손짓하듯 느껴졌다. 급하던 볼일도 잊고 버스에서 내려 장소를 물어물어 찾아갔다. 좁고 가파른 계단을 오르니 문이 잠긴 모습, 한참을 계단에 앉아 누구든 오길 기다렸다.

그 후로 한 시간에 한 번 오는 버스를 타고 공부를 시작했다. 그렇게 몇 년 공부를 마치니 자동으로 파주문협의 식구가 되어 있었다. 이사 후 빈 집이 많았던 빌라에 사람 구경하기가 힘들었는데 다리가 불편하신 할머니가 아래층으로 이사를 오셨다. 왠지 오래전 병환으로 세상을 떠났지만 늘 내 마음에서 떠나지 못하는 어머니를 본 듯했다. 바람이 사납던 봄을 지나 벚나무 잎사귀가 누렇게 변해 떨어지던 가을에 떠난 그분, 서울로 이사한 할머니와의 헤어짐이 마음 아파 글이 쓰고 싶어졌다. 간절함이 글로 승화하길 바라는 마음이었다.

수필이란 장르에 도전해보았다. 가르침을 따라 첫 문장은 창문을 열 듯 시작했다. 그리고 동서커피문학상에 누런 봉투를 보냈다. 노란 감국이 흐드러진 우리 동네, 자전거에 가득히 꺾어다 톡톡 튀는 햇볕에 말렸다. 베개를 불편해하던 할머니께 베개를 만들어 전하지 못한 이야기를 썼다. 얼마나 많은 여성들이 갈망하는 문학상인지 응모 숫자만 보아도 알 수 있었다. 결과는 맥심상을 받았지만 내게는 큰 용기를 불어넣어 준 계기가 되었다.

수필이란 소재를 잘 찾고 형상화를 시켜야 되는데 반복되는 일과에서 소재는 고갈되었다. 시집을 읽고 다양한 책을 읽으며 시 공부를 하기 위해 백화점 평생교육센터의 문을 두드렸다. 일 년 동안 결석 한번 없이 치열하게 창작 수업에 참여했다.

-붉은 칸나가 피는 이맘 때-라는 시로 동서커피문학상에

도전했다. 배운 걸 응용하는 단계였다. 가르침을 준 시인에게는 말도 전하지 않고 혼자 응모했는데 동상이라는 큰 상이 주어졌다. 그동안의 시간들이 스쳐 가며 비로소 나를 찾은 느낌이 들었다.

서울시청 앞 호텔에서 열린 문학상 시상식은 특별했다. 평소 존경하던 안도현 시인 옆자리에 앉았다. 문단의 작가들이 소개되고 수상자들이 호명될 때 오랜만에 듣는 내 이름에 코끝이 찡해왔다. 뛰는 가슴을 진정하며 무대에 올라섰다. 박수를 받고 기념사진을 찍는데 다리가 후들거렸다. 나도 주인공이 되다니. 어느 가수의 축하 노래가 울려 퍼질 때 마치 나를 위한 시간처럼 마음이 울렁댔다.

손자를 다섯 살까지 맡아 기르며 글 쓰는 시간도 줄었다. 그러다 사돈과 바통터치를 하고 건강을 추슬렀다. 막막함이 다시 글을 써야겠다고 결심하게 했을까. 공모전에 수필로 도전했다. 제목은 <늦바람 맞바람>, 나도 문학으로 일탈하고픈 욕구를 담아 쓴 글이었다. 아마도 동서문학회에 입문하고픈 욕구가 제일 컸을 것이다. 자식 혼사에 얼이 빠져 문학회 입회를 미뤘었다. 가작이라는 상이 주어졌다. 기사회생이었다.

새해 첫날 신문에 실리는 소설들을 읽기 시작했다. 저들은 어찌 쓰는가, 소설은 본인을 드러내지 않으며 더 가미할 수도 있고 상상력을 동원할 수도 있는 것, 느낀 감정들을 묘사하는 기법도 배우면서 주인공을 내세워 상상의 세계로 폭을 넓히는 일이 흥미로웠다. 다양한 문학의 세계에 들어설 때마다 초년생이었으나 그 깊이를 알아가는 과정이 보약 같았다.

삶의 향기 동서문학상 소설부문, 쓰고 다시 고치고 반복되는 글쓰기는 가지런해지는 법을 배웠다. 맥심상은 대상 이상의 기쁨이었다. 동서문학상 수상은 삶에 크나큰 변화를 가져다주었다. 허투루 보낸 날이 없다고 느끼며 문우들과의 시간도 깊어간다.

가슴에 품었던 작은 겨자씨 같은 꿈들이 비록 크게 이름을 떨치지 못했어도 후회는 없다. 지금 블로그에 사진이랑 시를 접목한 디카시에 빠져 늘 글로 이웃들과 소통하니까. 이제 서야 조금은 편안해진 글쓰기, 사물을 관찰하고 자연을 사랑하고 거기에 뜻을 두며 여물어가는 시간을 보내고 있다. 삶의 향기 동서문학상이 준 응원이 내 삶을 풍요롭게 만든 고마운 인연이었음을 깨닫는다. 지난 이십여 년의 시간이 헛된 것이 아니었다고 강물에 어리는 금빛 노을에 내 마음을 물들여본다.

생각이 글이 되다

안해영 (2016년 수상)

동서문학 커뮤니티에 발을 들여놓기까지 오랜 시간이 걸렸다. 길을 가다가도 무엇인가 생각이 떠오르면 끄적이던 버릇이 글을 쓰게 된 동기가 되었을까?

학창시절 점심시간 다음에 있는 수업은 식곤증이 와서 고역이었다. 사춘기를 건너던 나이이기도 했다. 거의 모든 학생은 점심시간 다음에 있는 수업 시간에는 졸거나 수업에 집중하지 못했다. 이상하게 국어 시간만은 점심시간 다음에 들어있어도 졸리지 않았다. 선생님은 강의보다 학생들이 참여하는 시간을 만들어 주었다. 자신이 작성한 시나 산문을 발표하게 했다. 나도 몇 편의 시를 발표한 뒤부터 쓰는 것에 대한 재미가 붙었다. 선생님은 계속 그렇게 써보라며 격려도 해 주었다. 학창 시절 작품을 공책에 적어 오래도록 간직했다.

성인이 된 후에도 가끔 글이 쓰고 싶으면 학생 때 적어 두었던 글을 읽어보곤 했다. 공책에는 어린 나이에 '이런 생각도 했던가?' 하는 글도 있었다. 시간이 흐른 뒤에 읽어 보니 생각이 글이 되어 글 속에서 지난날이 그림처럼 떠오르기도 했다. 이리저리 이사 다니다 없어져 버린 공책이 가끔 그리울 때가 있다. 사춘기를 지날 때 유일한 친구가 되어 준 소중한 공책을 간직하지 못한 아쉬움이 지금까지 남아 있다.

동서 커피 문학상에 처음 응모했을 때 선에 들지 못했다. 지금은 동서식품의 문학상 공모전이지만 그때는 동서커피문학상 공모전이었다. 선에 들지 못하니 무척 섭섭하여 내가 제대로 된 글을 쓰고 있는가 하는 자괴감까지 들었다. 나만의 넋두리가 준 고배라고 생각했다. 타인이 보고 공감대를 형성할 감동 있는 글이 되지 못한 것이 문제였을 것이라는 답을 얻었다. 그 뒤 생활에 전념하느라 글을 한참 동안 멀리했다. 독서도 게을리했다. 유일한 독서는 아침에 배달되는 신문의 문화면이었다.

다니던 직장에서 사보 창간호가 발간된다며 글을 한 편씩 내라고 했다. 고향 이야기를 내가 사는 도시와 비교하여 어설프게 쓴 글이 창간호에 실렸다. 남자 직원 위주의 글 속에 여자 직원이 쓴 유일한 글이었다. 덕분에 직장 선배들이 칭찬도 해주었다. 잘 쓴 글은 아니었지만 많은 글 가운데 내가 쓴 글도 창간호에 활자가 되어 실리니 뿌듯했다. 지금도 그때의 직장 동료들이 모여 해마다 동인지가 나오고 있다. 어쩌면 동서식품

문학상에 응모하는 자신감을 느끼게 한 계기가 되었을지도 모른다.

세월은 어제와 오늘이 다르게 변하고 있는데 해 놓은 것이 없어 마음 한구석이 허전했다. 해가 거듭될수록 알 수 없는 공허감이 마음에 큰 자리를 차지하고 있었다. 허송세월이 쌓여가고 있는 중 용기를 내어 동서식품 문학상 공모전에 두 번째 응모했다. 마감 하루를 남겨놓고 적어 두었던 글 중에서 원고매수가 20매쯤 되는 글을 골랐다. 마감일에 글을 보내며 이번에도 선이 되지 않으면 이제 글쓰기는 그만두겠다고 생각했다. 다행히 선에 들어 지금도 글을 쓰고 있다.

동서문학 커뮤니티에 들어온 뒤 해마다 나오는 동인지에 오른 글은 나의 역사가 되고 있다. 덕분에 글 친구들도 많이 늘었다. 페이스북이나 카페에서 동서 문우들의 글을 보면 직접 얼굴을 맞대지 않아도 반가운 마음이 든다.

매월 세 번째 목요일, 오전 시간은 비워둔다. 커뮤니티의 모임이 있는 날이기 때문이다. 문학 특강도 듣고 동인지가 나오기 전에는 동인지에 실릴 글 합평도 하며 글의 완성도를 높이는 시간이다. 특강이 있을 때는 장르별 유명한 문인들의 강의를 직접 들을 수 있어 글 쓰는 역량을 키울 기회가 되기도 한다.

일 년에 두 번씩 가는 문학 기행은 백미 중의 백미다. 처음에는 직장에 매여 시간을 내지 못해 함께 여행을 가지 못했다. 직장을 안 다니니 시간 여유가 생겨 함께하는 문학 기행이 주는 기쁨을 만끽하고 있다. 동서문학 커뮤니티에서 얻은 문학 기행의 기쁨 중 하나는 역사를 체험하는 것이다. 글을 쓴 선배 문인들이 만들어 놓은 역사의 한 페이지를 보고 체험하며 많은 것을 느끼게 하는 성찰의 시간이 된다. 문학 기행을 하면 글을 왜 써야 하는지 저절로 답이 나온다. 글이 역사를 만들고 바른 길을 가는 지침서가 되기 때문이다.

글을 쓰며 폭넓게 시야가 트여가고 있다. 동서문학 문우들과 개인적으로도 연락을 하고 안부를 묻고 고충도 나누며 친구까지 엮어준 동서문학 커뮤니티의 활동은 저물어 가는 나이에 아름다운 석양이 되어 주고 있다.

비문의 시간과 화해하는 일

이광순 (2016년 수상)

그날, 직장 동료들과 저녁 회식을 하고 있었다. 식사와 더불어 맥주도 한 잔 마시며 즐거운 시간이었다. 그때 낯선 번호로 전화가 왔다.

"이광순씨 지요?"

"네, 그런데요?"

"이번에 응모한 동서문학상 본상에 올랐어요."

"네? 정말이요? 정말요?"

믿기지 않아 아마 서너 번은 더 확인을 하고 또 확인을 했던 것 같다. 회식자리는 축하 자리로 변했고, 그 밤은 술 익는 밤이 되었다.

글을 써야겠다는 생각은 사는 동안 늘 숙제처럼 나를 놓아주지 않았다. 그러나 젊은 시절에는 직장과 가정생활로 차분히 앉아 글을 쓸 겨를이 없었다. 명퇴를 하면서 앞으로 수행 할 버킷리스트에 당연히 '본격적인 글쓰기'가 들어있었다. 그렇게 시작한 글쓰기의 장르는 시였다. 시를 써서 등단이라는 과정도 거치고, 문학회 활동도 했지만 시에 대한 슬럼프에 빠졌다. 시는 내게 글을 쓰는 수단이었는데 말이다. 그러던 중 우연히 인터넷에서 '삶의 향기 동서문학상 공모' 홍보 글을 보게 되었다. 응모 조건을 읽어보니 시는 이미 등단을 했기 때문에 응모할 수 없었고, 그렇다면 수필을 한번 써 볼까 하는 생각을 하게 되었다. 갑자기 수필을 쓴다는 것은 그저 막연한 일이었지만 동서문학상은 응모하기 전에 멘토링 클래스라는 과정이 있었다.

멘토링 클래스라는 과정을 통해서 수필을 이렇게 쓰면 되겠구나 하는 자신감을 조금 얻었다면 과장일까? 암튼 내게는 그랬다. 4주간의 프로그램에 참여하면서 소설가이신 전석순 작가님의 합평은 많은 도움이 되었고, 큰 힘을 얻었다. 또한 이 프로그램에서는 한 주 동안 올라온 작품들 중에 주 장원을 한 편씩 뽑아 상도 주고, 과정이 끝나면 그 사람들을 대상으로 멘토 작가들과 1박 2일 문학기행을 진행했다. 나는 당연히 장원에 한 번도 뽑히지 못했지만, 문학기행에 합류 할 수 있는 행운도 얻었다.

2016년 9월1일부터 9월 2일까지 김유정문학관-낙산사-켄싱턴 리조트로 이어지는, 문학기행은 나름대로 여행을 많이 다녀본 내가 잊을 수 없는 여행 중 하나가 되었다. 여행과 멘토와 함께 만나는 시간에 스케치된 문학여정이었기 때문이다.

리조트에서 하룻밤을 지내는 동안 잠깐 해프닝도 있었다. 주최 측에서 4명씩 짝을 맞춰주었고 우리 방에는 시 1명, 수필이 2명, 아동문학이 1명이 한 팀이 되었다. 방에 들어와 몇 기에 장원을 했다고 서로 소개 하면서 내 차례가 되었다. 나는 장원을 한 적이 없는데 오게 되었다 하니까 누군가 한 명이 '그런데 어떻게 왔지?' 하는 소리에 당황했다. 얼마나 창피하던지. 그 다음은 서로 자기의 글쓰기 이력들에 대해 이야기 하는데 나는 그들의 이야기를 들으면서 완전 주눅이 들어버렸다.

문학기행을 다녀온 후 비로소 '삶의 향기 동서문학상'이 대단한 상이란 것을 알게 되었고, 이번엔 경험삼아 재도전 해 보리라 생각했다. 그렇게 응모했던 상이었는데 내가 본상을 받게 되다니 얼마나 놀랐던지. 나중에 동서문학회 모임에서 한 번 응모했는데 바로 상을 탔다며 선배들이 놀라워했다. 이 상을 염두에 두고 문화센터에 글쓰기 반이 개설되는 경우도 있다는 이야기에 나는 정말 행운의 선택을 받았다고 생각했다. 행여 '내가 응모를 할 수 있을까?' 망설인다면 내경험에 비추어 용기내어 도전해 보라고 적극 권하고 싶다.

문학상 수상이후 '동서문학회'에 가입할 수 있는 행운도 주어졌다. 오랜 세월 연륜이 쌓인 문학회는 문우들이 만들어내는 프로그램도 다양하고, 지면도 주어져 글쓰기를 게을리 할 수 없게 만들어준다. 이러한 모든 조건들은 동서식품의 든든한 지원이 있기에 가능한 일이다. 그래서 주변에 글쓰기를 시작하는 사람들에게 동서문학상에 응모하라고 권하고 있다.

동서문학상을 수상한 덕분에 수필을 공부하고, 지난해에는 '월간문학'으로 등단도 하게 되었다. 시를 쓰는 일도 매력이 있지만 수필을 써보니 이 영역은 왠지 내 이야기를 승화시켜 표현 할 수 있어서 한 편 쓰고 나면 카타르시스를 느끼게 된다.

글을 쓰는 일은 내가 사는 동안 가지 않은 또 다른 길이었다. 그 길에 들어서며 동서문학상도 수상하고 수필이라는 장르에도 매료되게 되었다. 또한 내가 걸어온 길을 되돌아보는 시간을 자주 갖게 된다. 그 속에는 용서하지 못한 시간도 있고 용서받지 못한 시간도 있다. 속절없이 끝난 시절 인연들에 가슴 아픈 시간도 있다. 이 비문의 시간들을 퇴고 하는 일이 수필 쓰기가 아닐까.

내가 서 있는 곳이 빛나기까지

정연희 (2016년 수상)

아침이면 밤사이 피어난꽃들과 눈 맞추며 지난밤의 안녕을 묻는다. 세계적 펜데믹으로 인한 폐쇄 공포에 시달리며 앞날을 가늠하기 어려운 동안, 반려 식물로 만난 제라늄들, 약 5cm 정도의 묘목을 당근마켓에서 사서 키우는 동안, 어떤 공포 뉴스에도 아랑곳하지 않고 어김없이 꽃을 보여주는 어린 제라늄 꽃들에게 고맙다는 말을 수없이 반복하며 2년이 흘렀다.

제라늄과의 만남은 정서적 공황 상태가 되어, 이 세상은 어디까지 갈 것인지, 왜 사는지, 나의 미래는 어디로 가고 있는지, 수없이 많은 질문이 쌓이고 선명한 대답을 얻지 못해 혼돈을 느끼던 내게 활력과 소생의 기쁨을 주는 일이었다.

이렇듯 어떤 만남은 누군가의 생에 활력을 주며 행복한 웃음을 짓게 하거나 웃음이 떠나버린 음습한 모습으로 평생을 원망과 회한으로 살아가게도 한다. 사람이나 그 무엇과의 만남도 지나고 보면 한 사람의 삶에 크고 작은 변화를 주며 크게는 운명을 결정지으며 다가왔었다는 것을 알 수 있다. 사랑하는 사람을 만나기 위해 왕관을 버린 먼 이국에 에드워드왕의 심정이 마냥 행복하기만 했을까?

시 쓰기를 택한 후 공허를 메우는 대가로 불어 닥친 토네이도는 구름을 뚫고 나와 가정을 강타하고 지나갔다. 나를 위한 삶이 무엇인지, 이제라도 오로지 나를 위한 삶을 살아봐야 하지 않을까 하는 생각에 방황하며 마음이 쪼그라들어 가던 중년의 중반의 때. 내 생의 전환점이 된 동서문학상을 인터넷 매체를 통해 만나게 됐다. 동서문학상은 여성들만의 잔치라는 것과 몇몇 지인이 이미 회원이라는 것이 자극이 되어 도전을 하게 되었다. 첫 번째에 운 좋게도 '스스로는 탐탁지 않다고 생각하는 상이었지만 지금 생각해 보면 얼마나 아찔한 생각이었는지' 간신히 동서문학상 모임 회원 자격이 주어지는 상을 받고 문학회 회원으로 입문하게 되었다.

직장 일과 시 쓰는 일 사이에서 바쁘게 지내다 보니 동서식품 후원으로 하는 행사나 문학 모임에 자주 참석하기가 쉽지 않았었다. 가끔씩 해를 거르며 참석할 때마다 느끼는 동서식품의 넘치는 후원은 한국 국민으로 인해 부를 쌓는 기업들에 대해 다시 한 번 생각하게 한다. 한국의 기업 환경이 사회 환원을 하는 분위기가 아닌 것이 늘 안타까웠었는데 동서식품의 후원은 나눔의 미덕과 문학을 사랑하는 여성들에게 도전 의식과 자아실현의 신선한 충격으로 다가온다.

지역 문학회에 몸담고 있어서 주변이 온통 여류 시인이지만 동서 문학회 회원을 접하는 일이 거의 없었다. 그 희소성과 격조 높은 동서문학상 수상자 모임에 소속되었다는 것은 주변 여류시인들 앞에서 한층 어깨가 올라가는 일이다. 격년으로 도전하는 동서문학상은 시상 규모나 2만여 명에 가까운 경쟁률을 뚫고 당선되는 것은 문학 지망생에게는 선망의 대상이다. 멀리 떨어져 있는 문학 지망생들에게 1년에 몇 번이라도 만나려면 동서문학상에 도전해서 회원이 되라고 권하고 있다. 모임은 감사한 마음으로 문우 애를 나누며 관심사가 비슷한 서로에게 글을 짓는 동력을 전달해 주고 동창생을 만난 듯 화기애애한 대화로 뿌듯하고 편안한 하루를 선사한다.

강아지풀 군락지를 지나 개망초 흐드러진 들판에 서서 나는, 글을 쓰며 모여든, 모여 있어 더 아름답게 어우러진 동서 문학회 회원들을 생각한다. 순박한 시인의 심성으로 모여 환하게 빛나는 집단, 동서식품으로부터 문학인이므로 대접받는다는 그 느낌과 기분이 남다르다. 내게 선택받은 식물, 제라늄이라는 이름으로 피어나는 모든 꽃들이 나의 반려식물로 대접을 받듯이 단지, 동서 문학회 소속이라는 이유로 과분한 대접을 받으며 문학인으로서 자부심을 갖게 되는 것은 내 인생에서 커다란 행운의 열쇠를 받은 것이다. 입회 2년 후 신춘문예 당선 2관왕이라는 타이틀이 그랬고 문예지 다층에서 올해의 좋은 시로 선정되는 계기가 그랬다.

직장에서는 후배들이 일도 소신껏 잘하고 작품도 쓰는 멋진 언니로 나와 같은 공간에 있는 동료임을 자랑스러워하는 것을 볼 때면 미미한 내가 집단을 빛나게 하는 영광을 지닌 행운아라 자부한다. 내가 서 있는 곳이 빛나게 하며 잘 살아가고 있고 삶에 후회하지 않는다는 말은 지나친 오만일까? 동서식품에서 준 행운의 열쇠를 사용해 열린 문을 통해 시원한 바람 한줄기 들어오는 것 같이 나날이 상쾌하다.

내가 꽃이고 회원들이 꽃이고 작품이 꽃들이다. 제라늄을 키우면서 알게 된 놀라운 것은 꽃대마다 꺾임이 부드러운 마디가 있다는 것이다. 역설이라면 몸이 찢기는 것을 방지하려고 가장 힘들게 피워낸 꽃을 내어 줄 작정인 방어기제일 것도 같은데 그 아름다움을 혼자만 보지 말라고 내어 줄 준비가 되어 있다는 것이다.

습작으로 잠겨 있는 작품들을 꺼내 누군가의 문학 작품들로 내가 위로를 받았듯이 많은 이들에게 위로가 되는 꽃을 피워주고 싶다.

세상일이 마음대로 되지 않는다지만 마음대로 될 수도 있다. 세상이 호락호락하지 않다지만 세상을 이해하고 상생을 위해 노력하며 온전히 이용하려 하지 않는다면 순한 세상으로 내게 돌아온다는 믿음으로 살아간다. 낭송하기를 즐기는 박두진 님의 청산도에 그려진 "눈 맑은 가슴 맑은 보고지운 나의 사람" 그런 사람으로 혼탁한 세상에 물들지 않고 서 있는 자리가 은은하게 빛날 수 있게 남은 생을 살고 싶다.

맑은 물만 주는데도 각양각색의 꽃을 피우며 나를 즐겁게 해주는 제라늄처럼 받는 것보다 베풀며, 한 줄의 시를 읽고 밤잠을 설치며 가슴 설레던 초심으로 돌아가 "맑은 가슴"으로 늘 새로운 오늘을 열고 싶다.

4부

동서야, 기다려

'삶의 향기 동서문학상'은 그런 나에게 끝까지 한번 가보라고 내미는 따뜻하고 커다란 손이다. 이쁜 놈이라고 쓰다듬어 주는 향기로운 손이다. 끝내 문학을 놓지 못하는 당신들에게도 동서문학상은 그 손을 내밀 것이다. 누구에게나 공평하게 쏟아지는 햇살처럼 눈부시게, 따뜻하게.

수수꽃다리 친구들

김은정 (2020년 수상)

자주색 바람이 분다
수수꽃다리 나무들 사이에

꼭 친구라고 불러야 할 것 같은
동서문학회 회원들 사이에서

천 년 전의 시절을
꺼낸 것처럼
천년 후에 시절을
다시 태어난 듯이

지금 우리의 시절, 꽤 좋다

얼마든지 수다를 떨고 웃기
우리가 태어나기 전부터
피었던 수수꽃다리처럼
수수롭게

서러운 사연들 한 장 한 장 넘기면서
봄의 문을 활짝 열고 나갈 때
서로에게 비치는 환한 얼굴들

라일락으로 태어나지 않았어요
우리들은 조용히 피면서
새소리를 듣고
마음에서 흘러나오는
서로의 노래를 듣지요

빛나는 수상작

이창민 (2020년 수상)

야! 너도 될 거야

꾸깃꾸깃 어깨 펴

나도 한땐 새파란 초고였어

생명의 화관(花冠)이 원고지 위에 피어난 날

고옥란 (2018년 수상)

고장 난 수도꼭지에서 물이 똑똑 떨어지고 있었다. 똑. 또옥. 또옥 똑. 물소리가 유난히 귀에 거슬렸다. 며칠 전부터 약간씩 출혈이 있었지만 불규칙한 생리 사이클 탓이려니 했다. '이른 폐경이 찾아오는지 모르지 뭐.'하면서도 내 몸 안에도 고장 난 수도꼭지가 있는 건 아닌지 걱정이 되었다. 여성병원에 들르니 일단 경과를 지켜보고 다음에 다시 내원하라 한다.

여름은 유난히 덥고 길었다. 나무에 매달린 매미 울음소리가 절규처럼 들려오던 그 여름, 몸 안의 수도꼭지를 점검할 여유조차 없이 바쁜 일상을 보냈다. 찬바람이 불어올 무렵에야 비로소 봄에 내원했던 병원에 들렀다. 자궁암 검사와 유방암 검사는 평소에도 철저히 하는지라 특별히 염려될 만한 것은 없었다.

차트를 넘기던 젊은 의사의 표정이 굳어있었다.

"왜 이제 오신 거예요?"

"네?"

"더 일찍 오셨어야죠."

그 사이 무언가 알 수 없는 일이 몸 안에서 진행되었던 모양이다.

"내막이 비정상으로 비후 되고 있어요. 조직 검사 의뢰했는데 결과 나오는 대로 바로 연락드릴게요."

생물학적으로 여성이라는 정체성을 부여해주는 그곳에 'grade 1'이라는 닉네임이 붙었다. 마음의 준비를 해야 했다. 돌아오는 길, 거리는 하나도 달라지지 않았는데 나는 전혀 다른 사람이 되어버린 것 같았다. 삶의 어느 구비에서 이 모든 일들이 시작된 것일까. 몸 안에 무엇이 자리 잡은 줄도 모른 채 그리도 분주하게 달려왔을까. 어떤 위로와 조언도 가슴에 와닿지 않았고 뒤늦은 후회와 상실감만 몰려왔다.

한 무리의 여인들이 버스를 기다리며 서 있었다. 목을 길게 빼고 한결같이 비슷한 자세로 서 있는 여인들 위로 초겨울 햇살이 내리비치고 있었다. 건강한 자궁들이었다. 젊거나 늙거나 그들 안에는 여전히 생명의 성소가 자리 잡고 있으리라. 여인들이 거대한 생명의 화관처럼 보였다. 왈칵 눈물이 쏟아졌다.

모든 일이 일사천리로 진행되었다. 산부인과 병동은 모순의 병동이다. 자궁은 생명의 성소이면서 또한 생명의 무덤이 될 수도 있기에 한편에서는 생명을 꺼내느라 자궁을 열고 또 한편에서는 정체불명의 것을 제거하느라 자궁을 연다. 수술 전야 "두껍아 두껍아, 헌 집 줄게. 새집 다오." 아이들의 노랫소리를 어렴풋이 떠올렸다. "두껍아 두껍아, 헌 자궁 줄게. 새 자궁 다오." 덧없이 중얼거렸지만 새 자궁이 올 리 없다는 것을 안다.

산부인과 분야 10대 명의에 든다는 K 교수가 집도한 수술은 성공적으로 끝났다. 생명의 화관이 제거된 나는 어딘지 모르게 몸이 허했다. 복대를 두르고 병실 복도를 걷는 시간, 복대를 두른 다른 여인들과 스치면서도 애써 서로의 시선을 피한다. 본디 몸 안에 있어 여인들의 계보를 이어왔을 족보는 그녀들도 나처럼 부재중이다. 삶의 이야기들이 스며있었을 자궁들의 무덤은 어디일까? 그곳에 수록된 삶의 이야기들은 또 어디로 갔을까?

11월은 인디언식으로 '모든 것이 사라지지는 않은 달'이다. 무엇이 사라지지 않는다는 것일까? 병실 창밖으로 보이는 나무들이 온몸을 흔들 때마다 메마른 잎사귀들이 쏟아져 내렸다. 나무는 왜 하나라도 더 붙잡으려 하지 않고 저리도 안간힘을 쓰며 비우려는 것일까? 몸부림치는 나무를 보며 생각했다. 화관을 상실하였다 하여 여성으로서의 정체성을 상실한 것은 아니리라. 내 안의 목소리들이 울부짖기 시작했다. 큰, 작은, 날카로운, 성난, 슬픈, 절망한, 억울한, 고독한 목소리들을 꺼내 주지 않는다면 그 목소리들에 질식해버릴 것 같았다.

이듬해 여름 「저기 자궁들이 있다」를 제목으로 생명의 성소, 화관을 지닌 여인들, 조선 시대 산모 미라 그리고 내 이야기를 적어 내려갔다. 초고를 작성하고 마음에 들지 않는 부분은 잠자리에 누워서도 머릿속으로 재구성하였다. 어느 순간 “왜 하필 나에게?”라는 분노의 목소리가 잦아들었다. 글을 쓰면 쓸수록 “그래도 모든 것이 다 사라진 것은 아니다.”라는 희망의 목소리들이 꿈틀거리기 시작했다.

‘삶의향기 동서문학상’은 역사도 깊지만, 여성들의 문학 대전이라는 이유에서 내 목소리들을 투고하기 적합하다는 생각이 들었다. 혹시나 문학적인 글이 아니라 자칫 자기 연민에 빠진 투병기가 되어버릴까 고민하면서 수없이 퇴고를 반복했다. 마감 직전에야 비로소 원고를 보내고 나니 오랫동안 가슴 속에 웅크린 것들을 놓아버린 듯 홀가분한 마음이 들었다. 글을 쓰면서 나를 치유할 수 있었고 내 안의 목소리들을 용서할 수 있었으니 그것으로 충분하였다.

수상에 연연하지 않았으니 발표일이 언제인지조차 알지 못했다. 어느 늦은 저녁, 중학생 팀 수업 시간에 프리츠 오르트만의 소설『곰스크로 가는 기차』에 대한 이야기를 하고 있을 때 낯선 번호가 수상 소식을 전해주었다. 사람들은 자신들의 꿈인 '곰스크'에 가지 못한다. 곰스크행 티켓을 끊고서도 이런저런 이유로 중간에 안착해버린다. 나 또한 나의 곰스크를 오랫동안 망각하고 살았다.

그날 저녁 걸려 온 한 통의 전화가 '곰스크'에 갈 수 있는 티켓이 되어주었다. 가장 고통스러운 경험이 가장 영광스러운 경험이 될 줄은 상상조차 하지 못한 일이다. 그 모든 일들이 여성문학인들을 발굴하여 지원, 육성해주는 '동서식품'의 마인드와 열정 때문에 가능한 일이었다.

화려한 시상식이 열렸다. 거룩한 생명의 화관들이 원고지 위에 피어난 것을 기념하는 날, 내 안의 목소리들은 기쁨의 환호성을 지르고 있었다. 생명을 '덤'으로 주신 K 교수님께 등단 소식을 알리고『삶의향기 수상 작품집』을 전해드렸다. 누구보다 더 기쁘게 축하해주시는 교수님을 보며 살아있음의 환희를 느꼈다.

돌아보면 누구든 알리고 싶지 않고, 생각조차 하고 싶지 않은 경험들이 있을 것이다. 그러함에도 내가 겪은 그 슬픔의 시간이 '삶의향기 동서문학상'을 통해 곰스크로 가는 행운의 티켓이 되어주었다. 곰스크로 가는 기차는 어디선가 나를 향해 달려오고 있을 것이다. 티켓을 손에 쥐고 기차역으로 발걸음을 옮긴다. 플랫폼에서 삶의 향기가 강렬하게 느껴진다.

글둠벙이 있는 자리

김선자 (2018년 수상)

“아부지, 미우라 아야코처럼 작가가 되고 싶어. 나도 인문계 고등학교로 보내 줘”

열다섯, 그날의 단상이 어렴풋이 떠오른다. 가출했던 날이다. 그렇게 하면 아버지가 내 뜻을 받아줄 거라 믿었다. 땅거미 내려앉은 어스름한 저녁이었다. 마을 어귀를 빠져나와 들판을 가로질러 허리 굽진 길을 돌아설 때였다. 아버지의 커다란 손이 메고 있던 가방을 빼앗아 갔다. 그때 알았다. 자아에 어떤 종류의 힘 적용이 전제되면 모든 즐거움은 힘없이 무너지고 만다는 것을. 내 안에서 용솟음쳐 오르던 꿈도, 내 의지만으로 행동할 수 없었다. 아버지 뜻에 따라 상업 고등학교에 진학할 수밖에 없었고 그 현실에 순응했다.

모든 길 위에 삶이 그러하듯 나 역시 소설『돈키호테』속 돈키호테가 되어갔다. ‘이룰 수 없는 꿈을 꾸며, 참기 힘든 아픔을 견디고, 질 수밖에 없는 싸움을 하면서’ 각박한 세상 속에서 마치 브레이크가 없는 트럭처럼 목적지만을 향해 달렸다.

때론 급경사를 만났고, 곳곳에 설치되어 있던 굴곡이 심한 과속 방지턱들을 넘었다. 넘을 때마다 덜컹거리는 차처럼 나 역시 인생의 길 위에서 흔들거리며 내가 없는 나로 살아내고 있었다. 고통 한 개쯤은 너끈히 데리고, 이룰 수 없는 꿈 사이에 길은 있겠지. 막연히 나를 맡겼던 것은 퇴근 후 끼적이던 노트 지면이었다. 그것은 마음의 위안이 되었고 숨을 쉬는 공간이었다.

두 아이가 자라서 대학을 졸업하고 각자의 길을 걸어가게 되었다. 나를 들여다볼 여유가 좀 늘었다. 여중 시절에 읽었던 소설『빙점』의 주인공 요코를 가슴에 품고 틔웠던 작가의 꿈과 '꼭, 글을 써'보라던 담임선생님의 말씀, 힘들 때마다 낙서처럼 써 내려간 노트 갈피 속에 나를 만나며 용기를 냈다.

도서관 창작 수업을 등록했다. 수업교재로 공모전에서 당선된 작품을 만났다. 동서문학상 수상작이었다. '바지랑대, 팔당 우체통, 몽당연필….' 삶의 진실한 이야기에 젖어 들었고 설레기까지 했다. 그때 처음 알았다. 노트에 써 놓은 내 아픔이 하소연만이 아니라는 것을. 저마다의 삶이 인생이라는 의미의 꽃을 피워내는 일이었다. 인터넷에 동서문학상을 검색했다. 삶의 향기가 문학이 된다는 문구에 호기심이 생겼다. 하지만 글쓰기를 시작한 지 얼마 되지 않은 나는 감히 바랄 수도 없는 남의 일인 줄 알았다. 그러나 '제14회 삶의 향기 동서문학상 공모'

그 굵은 포인트 글자는 시간이 지나도 마음에서 좀처럼 사그라지지 않았다. 마감일이 하루하루 다가오면서 요동치는 심장 소리를 외면할 수가 없었다.

도전 해 볼까, 공모전이 처음이라 서툴지만 괜찮을까, 할 수 있을까…. 망설거리던 와중에도 노트에 써 놓았던 내 삶의 모래알을 구슬리고 있었다. 그리고 내게 꿈같은 행운이 찾아왔다. '오월의 끝자락, 그 언저리'로 수필 부문 동상을 수상하였다.

시상식 날이었다. 연말 연예인 시상식처럼 화려하게 꾸며진 대형 무대였다. 마치 주인공이 된 것처럼 스포트라이트가 내게만 쏟아지는 듯했다. 평소에 즐겨 읽던 책의 저자 소설가를 만났고, 수필작가들과 한 테이블에 앉았다. 그 대열에 함께 있는 것만으로도 이미 작가가 된 듯 가슴이 벅찼다. 아직 늦지 않았다, 할 수 있다는 자신감은 어디에서 왔는지 시상식 내내 또 다른 나를 써 내려갔다. 그 밤부터였던 것 같다. 잊고 살았던 문학소녀의 꿈이 다시 빛날 수 있게, 나는 창조적 행위에 당당하게 빠져들었다.

"아버지, 저 이제 괜찮아요. 마음 쓰지 않으셔도 돼요. 내 나이가 어때서요."

언제부턴가 나는 아버지의 아픈 손가락이 되어 있었다. 연년생이었던 장남과 두 살 터울 남동생을 위해 나만 인문계가 아닌 상업 고등학교로 진학시켜야 했던 아버지. 왜 나만 그래야 하냐며 집을 뛰쳐나갔던 딸의 원망을 지금도 잊지 않고 계신다. 상고 졸업 후 취직이 된 후에도 대학에 진학하고, 결혼한 다음에도 두 아이를 키우면서도 직장생활을 병행하며 공부를 지속했다. 호기심 많은 딸이 좋아서 하는 공부마저 당신 만류로 제때 풀지 못한 한풀이라고 생각하셨다. 공부도 다 때가 있는 법인데 그 때 딸의 꿈을 살려주지 못해 나이 들어 공부하게 했다며 당신 탓을 하신다. 그런데 가끔 내 글 속에 당신 이야기가 활자로 나오면 은근히 좋아하신다.

"아버지, 예전에 소가 끌고 밭을 갈았던 농기구, 그 쟁? 머시기요. 녹슬었다며 아버지 몰래 우리가 엿 바꿔 먹어서 통나무 들고 벌세웠잖아요."

글을 쓰다가 유년에 보고 들었던 사물과 언어들이 선뜻 기억나지 않고 입 안에서 뱅글거릴 때면 아버지에게 묻곤 한다. 그때마다 무심한 듯 던지는 말이 있다.

"너는 또 글둠벙이 있는 이야기밭에 앉아 있냐."

아버지의 목소리에 담겨 있는 흐뭇한 웃음을 나는 안다. 나 또한 그 말에 힘이 나고, 들을 때마다 웃게 된다. 꿈을 향한 발돋움은 늦었지만 원망도 후회도 하지 않는다. 딸이 좋아하는 지금의 시간을 응원해주시는 아버지와 이야기를 나눌 수 있다는 것으로도 고마운 일이다.

지금의 나, 동서문학상 시상식 스크린에서 빛을 발하던 내 이름, 그 순간이 있었기에 글둠벙이 있는 이야기밭을 일구며 산다.

타임머신을 타고 뒷걸음질해 유년의 기억을 기록하며,

때론 커서만 깜빡거리는 모니터에서 무감정의 감정을 읽으며,

그곳에서 휘연히 밝아 오는 아침을 마주하며,

쓴다.

꿈은 현실이 되고

김소윤 (2018년 수상)

어린 시절, 작가를 꿈꿨다. 책을 읽고 다이어리에 일기만 쓰면 작가가 되는 줄 알았다. 책은 손닿는 곳에 있었다. 일기는 죄다 세상을 원망하는 글들이었다. 좋은 것은 물론, 싫은 것도 표현하지 못하는 성격이라 일기장에 감정을 쏟아냈다. 다시 들춰보면 그때의 감정들이 되살아나는 것 같아 다시 열어보지도 못했다. 감정을 직면하지 못했지만 버리지도 못하는 꼴이었다. 한 권 두 권 서랍 깊은 곳에 던져두고 외면했다. 그때의 나는 일기장이 서랍 속에 쌓여가는 것으로도 꿈에 다가서는 것이라 여겼다.

자신만만하지 않았지만 두려움은 없었던 시절, 중학교 국어 시간에 독후감 숙제가 있었다. 김유정의 '봄봄'을 읽고 독후감을 썼다. 일기를 쓰는 것처럼 의식의 흐름대로 써내려가는 동안 내 글이 마음에 들었다. 무작위로 발표시키겠다는 선생님의 말씀에 친구들은 한숨을 쉬었지만 속으로 내가 지목되길 바랐다. 내 바람처럼 지목이 되었고 원고지를 들고 일어나 발표했다. 하지만 선생님은 발표 중간에 그만 끊었다.

"니 진짜 글 못 쓴다!"

달콤한 꿈의 클라이맥스에서 알람 소리가 울린 것처럼 정신이 번쩍 들었다. 20년이 넘은 일이라 그때 교실의 색깔과 국어 선생님의 검은 안경테만 몽롱하게 떠오르지만, 선생님의 카랑한 목소리는 생생하다. 다듬어지지 않은 돌처럼 거친 글이었을 테다. 하지만 비난 같은 말을 충고로 받아들일 수 있는 그릇이 아니었다. '꿈 깨라' 는 듯 귀에 박힌 말 한마디에 나는 진짜 꿈을 깨고 현실을 직시했다.

현실로 돌아온 내가 서 있는 곳은 '진로'라는 길이었다. 어두운 도서관에서 너무 오래 현실과 동떨어진 채 지냈던 탓일까. 수능 직후, 담임선생님은 나의 성적 기준 아래에 있는 대학과 학과 중에서 원하는 곳을 선택하라 하셨다. 수많은 글자 속에서 국어 국문학과, 문예창작학과가 내 눈길을 잡아끌었다. 돈 안 되는 문과라는데 그나마 졸업 후에 도움 되는 전공을 선택해야 되지 않겠냐는 주위의 말들이 나를 흔들었다. 나는 깨고 싶지 않은 꿈을 다시 한 번 꾸고 싶어 이불속에서 한참을 누워 있다 일어나듯 마지못해 정신을 차렸다.

꿈과 현실은 양극단에 있다고 여기며 외면하고 살았다. 이룰 수 없는 꿈이라면 꾸지 않는 게 당연하다고 생각했다. 목표를 이루기 위해서 시련은 당연하단 말이 나로 하여금 꿈에서 멀어지게 했다. 무한정 발휘되지 않는 내 힘을 차라리 미래를 위해 확실한 곳에 쏟는 것이 합리적이란 결론을 가졌다. 직장인이 되고 엄마가 되는 시간 속에 충실히 몰입했다. 작가란 막연한 꿈은 가능한 먼 거리에 밀쳐두고 내 앞에 닥친 일들만 해치우고 있었다.

멀리 밀쳐 두었다고 생각한 꿈을 나는 생각보다 멀리 보내지 못했다. '작가'라는 이름만큼 막연했던 '언젠간 기회가 있을지도 몰라'라는 질긴 소망 끝에 꿈은 매달려 있었다. 아이들과 도서관에 갔던 날 도서관 알림판에 포스터가 눈에 들어왔다. '동서커피문학상' 포스터였다. 대한민국 여성이라면 누구나 참여할 수 있다 적혀있었다. 가슴속에서 뭔가가 꿈틀댔다. '내가 무슨...'이란 생각이 들었지만 해보고 싶었다. 당연히 떨어지겠지만 이젠 그냥 넘기는 게 더 내키지 않았다. 무조건 글을 쓰고 싶다는 본능이 이성을 넘어섰다.

여전히 글쓰기에 서툴렀고 무언가 배우고 싶었다. 문화센터에 논술지도사 과목을 등록했다. 내가 하고 싶은 글쓰기는 아니었지만 우선 뭐라도 써보고 싶었다. 중학생 필독 도서를 읽고 자유롭게 생각을 이야기한 뒤 자신의 글로 설득하는 수업이었다. 여학생 때 선생님의 냉철한 비판이 떠올랐으나 개의치 않았다. 못하는 것이 당연하다 생각했고 함께 공부하는 분들과 선생님의 피드백을 수용했다. 중학생 때의 내가 지금처럼 부족함을 인정하고 받아들였다면 이리 멀리 돌아오지 않았을 거라는 생각이 들기도 했다. 글을 쓰는 것이 행복했기 때문일까. 과거의 아픔도 저절로 치유되는 시간이었다.

강사선생님도 작가가 꿈이라며 내게 꼭 '동서문학상'에 응모해 보라고 권해주셨다. 지인 중에 이미 수상한 사람이 있어 작가로 활동하는 분도 있다며 선생님도 자극받아 도전한다 하셨다. 그때부터 동서문학상에 도전하는 것을 버킷리스트로 삼았다. 책을 읽고 습작을 늘려갔다. 미숙함을 겁내지 않았다. 꿈에 다가갈 수 있는 방법을 알아낸 나는 이제 거침없이 글을 썼다.

기회는 노력 끝에 다가왔다. 여기저기 글 동냥하듯 글쓰기 수업을 찾아다녔다. 여러 공모전에도 투고하기도 하며 낙선을 반복했다. 인터넷에서 수상작들을 찾아 읽고 필사했다. 시간이 지나며 하나 둘 턱걸이로 입상했다. 그때쯤 동서문학상 응모 기간이 시작되었다. 애정이 가는 세 작품을 붙들고 단어 하나 문장 하나 고심했다. 노트북만 들고 다니는 모습을 보고 어린 아들은 우리엄마는 작가라며 친구들에게 자랑스럽게 말하고 다녔다. 그 바람 덕에 힘을 내고 잠시나마 방구석 작가가 된 것이 아닐까.

'가작' 수상 소식은 꿈속에서 현실을 보는 대신 현실에서 꿈을 바라보는 전환점이 되었다. 작가란 이름을 가지려면 더 많은 노력이 필요하다는 걸 안다. 하지만 나는 글 쓰는 즐거움을 알게 되었다. 조금 더 목표를 높여도 된다는 자신감도 생겼다. 수상은 나도 할 수 있다는 희망을 품기에 충분했다. 글쓰기라는 행동에 '작가'라는 이름이 붙지 않더라도 괜찮다. 그래도 계속 꿈을 곁에 둘 것이다.

책장 한가운데에 동서문학상 가작 상패를 두고 '언젠간 기회가 된다면'이란 생각으로 오늘도 글을 쓴다. 동서문학상 수상은 내게 꿈이 현실화 될 수 있다는 가능성을 알려주었다. 이제는 문학회에서 글과 함께하는 삶을 살게 되었다. 글쓰기에 지쳐갈 때쯤 들려오는 회원들의 수상 소식을 듣고 선배님들의 글을 읽으며 다시 힘을 낸다. 선배님들이 꿈에 다가갈 수 있는 길을 알려준다. 희뿌연 꿈속에서만 허우적거리던 나를 다정한 엄마의 목소리로 깨워준 동서문학상이다.

내가 가장 예뻤을 때

윤경예 (2018년 수상)

펄펄 끓는 계절의 뚜껑을 누가 열어보았던 걸까? 이 세상에는 온 적 없는 빛깔들 밥물처럼 넘쳐 산과 들을 온통 물들이고 있다. 사실 저 붉은 기운은 우리가 모를 뿐 늘 거기 그 자리에 있었는지도 모르겠다는 생각이 뒤통수를 치며 지나간다.

직선이 아니면 걸음도 떼지 않던 나의 시간은 유속 빠른 문장이 많아서였는지 돌아앉으면 무릎이 닿곤 했다. 숨 막힌 돌림노래 같은 그 무릎에선 이상하리만큼 사람 냄새가 나지 않았다. 왜 그런지 궁금할 때도 있었지만 금방 까맣게 잊어버렸다. 먹고사는 생각으로 나는 이미 가득해 설명은 생략한다는 식으로 하루를 돌려막은 지 오래여서, 보고 싶은 부분만 오려서 보고 듣고 싶은 말에만 귀를 감아올렸다. 그래야 인간적인 거 아니냐며 너스레를 떨면서 말이다.

뒷걸음치는 법을 배운 것은 불혹의 중턱을 넘어서였다. 계속되는 불면증이 가지 끝에 사는 것들로 계절을 읽어 내릴 즈음이었다. 우린 늙어 가는 것이 아니라 익어간다는 유행가 가사가 기어이 나를 울려버린 늦은 저녁이기도 했다. 잘 걷기 위해선 뒷걸음치는 법을 먼저 익혔어야 했다는 것을, 뒷걸음으로 걷는다는 건 혼자가 아니라고 내가 나에게 마법을 거는 것임을 나는 왜 그때야 알았을까?

내가 나를 어루만지듯 뒷걸음으로 걷는 시를 만났고 나도 모르는 사이 숨은 더 깊어졌다. 아마도 가장 뜨겁게 내가 빛을 수 있는 것이 시라는 걸 깨달았던 것 같다. 어쩌면 할 수 있는 게 그거밖에 없어서였는지도 모른다. 전과 다름없는 풍광에서도 숨 막히게 아름다운 것들이 하나둘 보이기 시작했다. 미친 듯 쓰고 또 썼지만 이것이 시인지 아닌지 알 길이 없어 쓰는 일이 점점 버겁게 느껴졌다. 그래서 평가라도 받아보자는 심산으로 별 기대 없이 무작정 투고를 했다. 대한민국 여자라면 한번쯤 도전한다는 동서문학상에 도전장을 낸 것인데 이게 웬걸! 덜컥 당선 전화를 받았다. 그런데 얼떨떨하고 기쁜 것도 잠시 세상에 나옴과 동시에 받게 될 혹평에 겁이 덜컥 났다. 냉정해 아직 보존된 종이 인간이라지 않는가! 그런 와중에도 삶은 늘 들이닥치는 법이라고 좋은지 나쁜지는 지나가야 안다던 친구의 말에 다시 용기를 얻었다.

가을이 절창이던 어느 날 누군가 묻는다.

당신에게 동서문학이란 무엇이냐고? 나는 “내가 가장 예뻤을 때”라고 백 년 전쯤 준비해 둔 것처럼 화답한다. 정말 그랬으니까. 나이가 무덤이 되기도 하는 신인에게 불편함이 주는 높이에도 걸어둔 무지개가 있음을 여실히 보여준 것이 동서문학이었고 그곳에선 무릎이 닿지 않아도 사람 냄새가 온몸을 타고 돈다는 걸 느꼈다. 고백하자면 나는 지금도 냄새에 집중하는 중이다. 사람 냄새가 어설피 나는 내가 좋고 그들이 좋다. 그러니 어찌 내가 가장 예뻤을 때라 말하지 않고 배길 수 있었겠는가?

적으면 적은 대로 많으면 많은 대로 모두 제자리로 돌려주고 추위를 껴입은 나무를 본다. 바람 닿은 곳마다 꽃눈 밀어 올리는 소리 힘차다. 저것들도 뒷걸음으로 나아가는 의식을 치르는 중이리라. 지금이 가장 예쁠 때임을 이미 알고 일을 테니까.

고리, 그 힘찬 도전을 걸다

정지우 (2018년 수상)

'희망의 고리를 잡아라.

이기는 고리를 잡아라.

그 고리는 결코 당신을 속이지 않을 것이다.'

-제12회 '삶의 향기 동서문학상' 수필부문 동상 수상작 '고리' 中-

대차게 던진 고리였다. 두 눈 질끈 감고 세상을 향하여 힘차게 내던진 고리였다. 그것이 세 번의 도전 끝에 기어이 동상 수상이라는 영예에 철썩 안착하고야 말았다. 과연 내가 던진 고리는 나를 속이지 않았다.

나의 삶에 향기란 것이 있을까 의문이었다. 굳이 향기로 표현하자면 누구든 그다지 좋아하지는 않을 향기란 것은 분명하다고 생각했다. 그럼에도 불구하고 감히 향기라 해도 된다면 전하고 싶었다. 작고 여린 내가 여기 이렇게 살아있노라고.

나는 마음으로 글을 쓴다. 글로 말하고 호흡한다. 글에 나의 숨을 불어 넣기 때문에 체계적이지 못하다. 글의 통일성이 부족 할 때도 있다. 문장과 문장을 잇고 연결하는 기교 또한 부족하다. 마음에 난잡하게 불어오는 추억과 감정들을 그대로 차곡차곡 쌓아 올린다. 다듬어지지 않고, 정돈되지 않은 단점이 내 글의 특징이다. 내 마음에 불어오는 작은 속사임을 그대로 적어내는 것이 내 글의 전부였다.

글은 내게 유일한 언어였다. 나의 입술이었고, 내 마음의 소리였다. 유독 나의 의사를 언어로 표현하는 것에 서툴렀던 내가 유일하게 입을 여는 곳은 바로 하얀 종이 위였다. 작은 손에 펜 하나 쥐고 끼적이다 보면, 그곳은 나의 독무대가 됐다. 그곳에서 나는 노래했고, 춤을 추었고, 한 없이 울기도 했다. 그러면 글은 나와 함께 웃었고, 나의 슬픔에 찰떡 같이 위로가 되어 주었다. 단짝 같은 글 안에 나의 아픔을 토해낸 작품이 '고리'였다. 이생에서 살아야 할 이유를 찾지 못해 방황하며 저승을 향한 동경을 품었던 지난날을 뒤로 하고, 멋진 삶을 향하여 튼튼한 동아줄을 걸어 보겠다는 다짐을 담았다. 더불어 우리 모두에게 맡겨진 삶을 희망의 고리에 걸어 보자고 힘차게 외친 작품이었다.

수 년 간, 나의 글 자리는 캄캄했다. 시작은 그랬다. 젖먹이를 돌보는 전쟁 같은 낮을 장렬하게 이겨내고 새근새근 잠든 아이를 보고서야 글 자리에 불을 밝혔다. 밤의 고요함 속에서 내 삶은 꽃으로 피어났다.

지난날의 모든 회한도, 슬픔도, 눈물도 모두 호젓하게 써 내려 갔다. 찬바람이 온몸을 휘감는 계절엔 이불을 뒤집어쓰고 밤의 스산함에 글을 지폈다. 그러기를 여러 해를 쉬지 않고 반복했다. 글 안에서 나는 진정으로 행복한 사람이었다. 내 글을 계속해서 지켜봐 주고 지지해주는 친정 같은 곳이 생겼으니 더욱 그랬을지 모른다.

나의 미약한 향기가 '삶의 향기 동서문학상'을 두드렸을 때, '삶의 향기 동서문학상'은 내게 희망이라는 선물을 보내왔다. 도전과 용기라는 선물도 함께였다. 이제 살아 있는 이곳에서 내게 맡겨진 삶을 힘차게 살아내라는 호된 채찍질이기도 했다. 또한 오로지 글이라는 세계 안에서만 깊은 호흡을 하던 내게 이제 좀 더 자신감 있는 삶의 향기들을 아름다운 글자들로 수 놓아 보라는 포옹이기도 했다.

그 품에 얼싸 안겨 제13회, 14회 '삶의 향기 동서문학상' 아동문학 부문 가작 수상으로 또다시 희망의 고리가 걸렸다. 연거푸 글의 무대에 설 수 있도록 그 품을 이전보다 더 넓게 열어 나를 포근히 안아 준 '삶의 향기 동서문학상'이었다.

더 잘하지 못한 나의 부족한 글 실력에 아쉬움이야 있었지만, 상의 크기가 어떠하든 크게 상관은 없었다. 보잘 것 없는 나의 삶도 다른 사람들의 코끝을 간질이는 향기가 될 수 있다는 희망을 보았으니 말이다. 무엇보다 계속해서 글을 쓰라는 무언의 응원이나 마찬가지이니 어떤 상황에서도 글을 놓을 수는 없는 일이었다. 쉼 없는 나의 삶에 인생이 남겨 준 추억들을 아름답게 빚어내 희망의 고리에 던지고, 던지고 또 던지리라 다짐했다.

매 회마다 나는 그 마음으로 문학상의 문을 두드렸고, 앞으로도 그런 마음으로 글을 쓰기 원한다. 나의 글이 단 한 사람의 마음에 희망의 불꽃을 피우기 바란다. 불꽃은 어디에서든 빛을 비추기 마련이니 그것을 시작으로 희망의 불꽃은 하나둘 늘어날 것이라 믿어 의심치 않는다.

내게 글을 쓰도록 멍석을 깔아 주고,
터전을 열어 주는 곳,
글을 써야 할 동기와 의미를 부여해 주는 곳,
'삶의 향기 동서문학상'에서
나는 또 다시 세상을 향하여 나의 입술을 연다.
내 삶의 향기를 흩날린다.

나의 생애전환, 동서문학상

강이정 (2020년 수상)

미시령 옛길을 넘어본 적 있으신지요?

제게는 그 험산준령에 대한 잊지 못할 기억이 있습니다. 음력 정월이었습니다. 자정子正의 어둠 속에서 나무들은 모조리 살을 여읜 채 뼈다귀만 남아 산을 메우고 있었습니다. 보이는 풍경은 회색 눈밭 위의 거대한 공포화畵 뿐이었습니다. 우리 가족 세 사람을 실은 자동차가 스스로의 라이트불빛만을 의지하여 얼어붙은 도로를 느리게 나아가고 있었습니다. 잠든 아이를 감싸 안은 두 팔이 두려움으로 덜덜 떨렸습니다.

쉴 곳 없는 굽이굽이 겨우 넘겨 낸 후 비로소 큰 한숨 내쉬었던 일이 생각납니다. 영원 같던 어둠은 지나고 보니 찰나였습니다. 훗날 문득 돌아보니 그 밤, 그 고개는 뜻밖에도 아름다운 기억으로 각인되어 있더군요.

미시령을 넘을 무렵 저는 불혹이라 부르는 변곡점 또한 막 넘어가고 있었습니다. '너는 이제 흔들리지 않는 중심을 가지게 되었는가.' 자주 자문하던 그 무렵에 국가로부터 <생애전환기 건강검진 안내서>라는 제목의 통지서가 날아들었습니다. '신체 상태가 다른 방향으로 바뀌어 관리가 필요한 나이'가 도래하였으므로 건강 상태를 두루 검사하라는 알림이었습니다.

생.애.전.환. 네 글자에 시선이 꽂히더군요. 머릿속에서 요란한 진동음이 감지되었습니다. 바뀌는 것은 신체만은 아닐 터, "네 삶을 바꿀 때가 되었다"는 강한 암시가 전해졌습니다. '이제껏 경험해 온 몸과 마음의 어려움, 부정적 경험들도 전환될 수 있지 않을까? 내가 쥔 키의 방향만 바꿔준다면 그 부정성은 삶을 바꾸는 원동력으로 변환될 수도 있지 않을까?' 한동안 그 생각에 잡혀 있었습니다.

몇 달 후 우연한 기회가 찾아왔습니다. 새로운 전공으로 다시 공부할 기회를 얻은 것입니다. 오랫동안 미련으로 남아있던 분야였습니다. 그렇게 들어선 상담심리학 공부의 연차가 더해지면서 삶의 경험들은 모두 더할 나위 없는 선물이란 생각이 강해졌습니다. 이후 생애의 주제 또한 얻게 되었습니다. < 삶의 모든 순간은 하나의 선線 위에 놓여서, 合하여 善을 이루는 한 지점을 향하여 간다. >는 것입니다. 그 지점에 도달하기 위해서는 삶을 재구조화해보는 작업이 필요했습니다.

'다시 글을 써 봐야겠다'라는 결심이 따라왔습니다. 저에게는 고교시절 문학습작을 시작했다가 몇 년 만에 포기한 경험이 있었습니다. 병고에 지쳐 있었고 글로써는 몸 하나 어찌할 수 없다는 마음이 들었던 것입니다. 그 후 오랫동안 쓰는 일 읽는 일과 멀어져 있느라 저의 손과 입은 완전히 굳어져 있었습니다.

문학아카데미를 찾아가 수필반에 들어갔습니다. 그런데 두 학기가 끝나가도록 오래된 습習은 집요하게 달라붙어 좀처럼 털어내 지지가 않더군요. 단 한 줄도 쓸 수가 없었습니다. 어두운 얼굴로 강의만 따라가던 중에 「각자의 인생을 표현할 매개물을 찾아보라」는 숙제가 떨어졌습니다. 학생의 태도가 되어 보았습니다. 답안지를 작성하듯 매일 한두 줄씩 억지로 써 내려가기 시작했습니다. 그러자 한 달 만에 하나의 글이 완성되었습니다.

힘들게 물꼬가 열리니 몇 편의 글이 뒤를 이어 흘러나왔습니다. 파묻혀 발효된 오래된 이야기도 있었고 마구 헝클어진 마음을 빗질하는 듯한 글도 있었습니다. 때로 글쓰는 일은 피흘리는 것과 같았고, 가끔은 험산준령 넘은 자의 한숨을 닮기도 했습니다. 속을 내보이는 부끄러움을 값으로 치르며 글 한 편에 한 발짝씩 자유로워졌습니다.

썼던 글을 거듭 고치는 작업을 하며 여러 계절이 흘렀습니다. 누군가 동서문학상을 알려주었습니다. 세 편을 글을 응모했는데, 뜻밖에도 저의 첫 글, 닫혔던 말문을 트이게 했던 그 글이 동서문학상을 받게 되었습니다.

불혹에 저는 우연한 새 길에 접어들었고 그 길은 몇 년 후 수필이라는 또 하나의 길을 불러왔습니다. 그리하여 만나게 된 동서문학상은 문 하나를 열어주었습니다. 품이 넓고 따뜻한 집, 동서문학회의 주민이 되어, 계속 나아가라며 서로를 북돋우는 힘을 만났습니다. 저만치 먼저 걸어간 발걸음들이 만들어낸 길을 바라봅니다. 제게 동서문학회는 전망이고 지침이며 채찍입니다.

요즘 저는 초심상담자로서 사람들을 만납니다. 내가 만나는 이들이 자기 안의 불씨를 깨워 스스로 빛을 낼 수 있도록, 길을 찾도록, 옆에서 함께 버텨주는 사람으로 살려고 합니다. 또한 글로써 작은 등불 하나라도 켤 수 있다면 저는 더할 나위 없이 기쁠 것입니다. 저에게 일과 글쓰기는 '合하여 함께 일하는' 하나의 작업이 될 것입니다.

글쓰기를 통해, 마냥 머물러 있던 과거를 떠나올 수 있었습니다. 느린 속도를 조급해하지 않으며 계속 갈 수 있습니다. 두려움 없이, 새로운 산을 오르고 있습니다.

당신의 과녁은 무엇인가요? 어떤 방향으로 삶을 전환하고 싶으신가요? 스쳐가는 우연을 한번 잡아보면 어떨까요?

삶의 향기를 맡을 수 있는 사람

김민하 (2020년 수상)

그때도, 지금도 내 하루의 시작은 같았다. 눈도 뜨지 못한 채 아이의 기저귀를 갈며 아침을 맞는다. 달라진 것이 있다면, 아이의 지린내는 다르게 다가온다는 것이다. 아이가 크면서 소변의 냄새도 더 커진다. 나는 아침을 알리는 그 냄새를 좋아하게 되었는데, 이는 글을 쓰며 진정한 '삶의 향기'가 무엇인지 깨닫게 되었기 때문이다.

세 아이를 낳아 키우며 만 5년하고도 6개월을 하루도 쉬지 않고 기저귀를 갈았다. 1년 동안 두 아이의 기저귀를 동시에 갈기도 했다. 매일 아이를 안고 기저귀를 가느라 손목의 어디 즈음에서 이상 신호를 보내온 지 꽤 되었으나 내가 할 수 있는 것이라곤 그저 무시뿐이었다. 손목뿐 아니라 골반과 무릎과 발목과 어깨도 각자의 아우성을 쳐댔지만, 나는 엄마를 하기에도 바빠 아우성을 제대로 들을 시간이 없었다.

아우성이 가장 크게 들려 온 곳은 다름 아닌 영혼이었다. 엄마 자아가 꽉 들어찬 까닭에 진짜 나는 납작하게 눌려 있었다. 자주 멍하니 벽을 바라보게 되고 이따금 눈물이 나면 흘리곤 했는데, 그마저도 쉽게 허락되지 않았다. 아이의 기저귀는 파란 선을 보이며 엄마로서의 나를 소환했다. 내 손은 늘 기저귀함 근처에 머물러야 했다.

지금도 여전하다. 아직 배변할 기미가 보이지 않는 막내 덕분에 내 손은 1년 전과 마찬가지로 기저귀함을 떠나지 못하고 있다. 달라진 것이 있다면, 지금의 내 손이 가장 많이 머무르는 곳은 키보드 위라는 것이다. 요즈음의 내 손은 노트북에 오랫동안 머물면서, 엄마 자아에 눌려 있던 본래의 나를 천천히 일으켜 주고 있다.

도서관의 책 읽기 모임이 쓰기 모임으로 바뀔 때 고민이 없었던 것은 아니었다. 그때의 나는 위태로웠다. 아이들이 예쁜 것과 힘든 것은 별개의 것이었다. 내 안에 쌓여 썩어가는 것들을 꺼내 말리는 행위와 실천이 필요했다. 그렇게 '쓰기'가 시작되었다.

각오한 대로 장애는 많았다. 첫째와 둘째를 등원시키고 집에 오는 길에 핸드폰으로 무언가를 썼다. 막내를 재우고 밤에 화장실에서 썼다. 깨서 울면 젖을 물리고 재우고 다시 화장실로 숨어들었다. 장을 보러 갔다가, 해산물 코너 앞에서 쓰느라

고등어를 사 오는 것을 깜빡하곤 했다. 그러나 멈출 수 없었다. 글을 쓰면 나는 이상 신호를 잊을 수 있었고 내 안의 아우성을 없앨 수 있었으며 잊고 있던 진짜 나를 데려올 수 있었다. 나에게 쓰기는, 잔잔한 일상을 침범한 수호신, 그런 것이었다.

'삶의 향기'라고 적힌 공모전 소식을 처음 접했을 때도 나는 화장실 불빛에 불편하게 앉아 있었다. 허리는 구부정했고 눈은 건조했으나 마음은 정갈했다. 써야겠다, 단 하나의 마음뿐이었다. '써야겠다'라는 마음과 동시에 떠오른 이야기가 있었다. 일곱 살의 나와 젊었던 아빠의 그 순간, 삶이 가끔 물음표를 이끌고 와 묻던 그 순간, 내 생의 가장 큰 비밀이자 같은 이유로 가장 구석에 처박아두었던 그 순간. 어차피 예선에서 떨어질 테니까, 그러면 기껏해야 심사위원 한두 명만 읽는 이야기일 테니까, 얼굴도 모르는 그들에게는 털어놓아도 될 것 같은 그 순간.

쓰는 순간은 담백했다. 그날의 나와 아빠와 풍경을 썼다. 시간이 지나 그날을 떠올린 나와 아빠와 우리의 마음을 썼다. 그런데 퇴고가 난감했다. 나는 자꾸만 울었다. 30년도 넘은 그 날을 들쑤시고 털어내는 것이 무슨 소용이 있을까. '내 안의 쓸데없는 성숙'이 행복하지만은 않았다는 고백이 지금에 와서 도대체 어떤 의미를 갖는단 말인가. 퇴고는 가슴이 아팠고, 세 번을 더 읽어 보고는 그만두었다. 어차피 안 될 소재와 글이었다. 도망치고 싶었던 유년의 비밀을 떼어내어 홀가분해진 기분 때문이었을까, 응모를 마친 날은 좀 더 깊이 잘 수 있었다.

기저귀를 가는 날은 계속되었다. 기저귀의 크기는 점점 커졌지만 진짜 나는 오히려 쪼그라들고 있었다. 육아의 노곤함에 글을 쓰지 못하는 날이 많아지고 있었기 때문이었다. 글을 쓰지 못하는 만큼 마음이 묵직해졌으나, 나는 그러한 묵직함을 어쩌지 못하고 사는 것에 익숙한 사람이었다. 내 안의 묵직함을 해소하겠다고 나섰다가는, 엄마 자아에 혼나기 일쑤였다. 엄마 자아는 늘 힘이 셌다. 나는 함부로 내 안의 엄마를 이길 수 없었다.

유난히도 이상한 꿈에 대해 반복해서 생각하던 날이었다. 남편과 심하게 싸우는 꿈이었다. 왜 그런 꿈을 꾼 걸까, 믹스커피를 저으며 생각했다. 믹스커피의 고소함이 난데없는 알람을 울려왔다. 동서문학상 수상자 발표날. 나와는 상관없을 수상자들의 이름을 확인하기 위해 핸드폰을 쥐었다. 커피는 천천히 식었고 나의 시선도 천천히 수상자들을 훑었다. 수필 수상작의 마지막 칸에 익숙한 제목이 있었다. 부끄럽고 낡은 비밀이 세상에 나온 순간이었다.

누구에게도 말하지 못한 비밀이었기에, 당선 역시 가난할 수밖에 없었다. 혼자 축하하고 혼자 기뻐했다. 한편으론 심사위원들을 의심했다. 비루하고 얼룩진 이야기에 왜 관심을 가졌을까. 아빠의 검은 봉지에 일곱 살짜리가 울었다는 이야기에 어떤 가치를 발견한 걸까.

"누나, 실은 나도 그랬던 적 있어."

당선작을 읽은 동생의 첫 마디에, 궁금함에 대한 답이 실려 있었다. 실은 내가 비밀이라고 여겼던 삶의 못생긴 부분이, 누구에게나 있었던 이야기였다. 우리는 각자의 비밀을 품고 살아가지만, 비밀의 모양은 사실 비슷하게 생겼다. 멍, 상처, 미련, 애환, 서글픔, 아쉬움 같이 다른 단어로 치환되지만, 결국엔 그것이야말로 삶의 구석에서 피어오르는 향기였던 것이다.

막내의 지린내는 갈수록 심해진다. 글을 쓰면서 나는 기저귀에서 나는 냄새마저 사랑하는 사람이 되었다. 순수하고 무해한 그 냄새의 정체가 실은 '성장의 증거'임을 알려준 것은 다름 아닌 글쓰기였다. 내 육체의 두 손은 키보드에 머물며, 영혼의 두 손은 육아에 잠겨 있던 나를 건져 올리고 있다. 그 기점에 동서문학이 있었고, 그때부터 나는 진정한 '삶의 향기'를 맡을 수 있는 사람이 되었다.

미운 오리 새끼는 왜 무리를 떠났을까?

김소나 (2020년 수상)

용산도서관에서 시를 배울 때였다. 호랑이 시인 선생님이 3개월간 특강을 했다. 첫날 첫 문장을 발표하면서부터 혼이 났다. '비루한 화살'이라는 표현을 썼다가, "시에서 그런 형용사는 쓰는 게 아니야. 자네 인생이 비루한 건가?"라는 말을 들었다. 수업 때마다 문장을 써 봐도 칭찬은커녕 계속 혼만 났다. 아직 시 쓰기에 익숙하지 않은 탓이었다.

하루는 '가을'을 소재로 시를 써보라는 즉석 과제가 떨어졌다. 쉬는 시간에 자리에 앉아서 가을에 대해 생각하는데, 갑자기 바람에 날리는 낙엽이 떠올랐다. 뜬금없이 갑자기 단풍잎의 뾰족한 끄트머리 다섯 개가 사람 손가락 같다는 상상에 휩싸였다. 바닥에 우수수 떨어진 낙엽들이 바람을 따라 한꺼번에 움직이는 모습이 마치 부대가 밀려들어 오는 것 같았다. 갈퀴 같은 손가락들이 바닥을 일사불란하게 움직이는 모습이 손바닥 모양으로 위장한 외계인 군대 같아 보였다. 수많은 손가락이 꿈틀거리면서 아스팔트 위를 빠르게 전진하는 모습을 상상해보면 두려울 정도였다. '낙엽은 외계인의 침략이로구나!'라고 상상 속으로 빠져들다가 정신을 차리고 한숨을 쉬었다. 어째서 매번 이렇게 남과 다른 생각만 하는 걸까, 나란 사람은.

그러다가 하필이면 선생님과 눈이 마주쳤다. 선생님이 이번엔 무슨 생각을 하냐는 듯 눈을 가늘게 뜬 채 쳐다봤다. 어쩔 수 없이 실토했다.

"선생님, 제가 가을 낙엽을 생각하면 자꾸 손바닥 외계인이 지구를 침략하려고 바닥을 기는 것 같은 상상이 떠올라요. 이런 생각을 시로 써도 되나요?"

또다시 불호령이 떨어질 거라고 예상하면서 던진 대답이었다. 무슨 그런 말도 안 되는 상상을 하느냐, 그런 유치한 생각으로 시를 쓸 수 있겠느냐, 하는 말이 머리 위로 뚝 뚝 떨어질 것 같았다. 그런데 선생님이 이렇게 말하는 게 아닌가?

"왜 안 되지? 시인은 남과 다르게 생각하는 사람이야. 그런 상상력이야말로 시인이 부러워하는 재능이야."

처음으로 선생님의 미소를 보면서 깨달았다. 이렇게 남들처럼 평범하게 생각하지 못하는 내가 괜찮을 수 있는 거구나, 문학이란 오히려 남처럼 생각하면 안 되는 거구나, 라고. 왜 '비루한 화살'이라는 표현이 시에 적합하지 않았던 건지도 점차 알게 되었다. 그때 이후에 좀 더 용기를 가지고 시를 쓰기 시작했다. 이렇게 시를 공부하다가 동서문학상에 지원하게 되었다.

동서 문학상에 두 번 지원했고 4년 만에 동서 문학회 회원이 됐다. 그전에도 여러 공모전에서 시를 쓰며 수상을 했지만, 동서 문학상에 당선될 수 있을 거라는 확신이 들지 않았다. '동서 멘토링'을 받을 때도 아쉽다는 평가를 더 많이 들었기 때문이다. 하지만 꼭 동서 문학회 회원이 되고 싶었다.

같이 소설을 공부하던 지인이 동화로 공모전에서 수상해서 먼저 14기 회원이 되었다. 그녀를 통해 동서 문학회 소식을 계속 들었다. 매달 모여서 문학인들끼리 작품을 합평하고, 문학기행을 떠나고, 매년 동인지를 만든다고 했다. 수상 이후에도 책을 출간하고 작품 지원을 받고 공모전에서 문학상을 받는 등, 쉬지 않고 열정적으로 활동을 한다고 들었다.

동서 문학회 회원으로 활동하게 되면서 첫 모임에 참석했다가 집으로 돌아오는 길이었다. 지하철에서 내 옆에 앉은 회원이 이런 말을 들려주었다.

"오십이 좀 넘었으면 아직 젊고 예쁜 나이잖아요. 하고 싶은 거 맘껏 하고 살아요."

동서 문학회에 가입하기 전에는 항상 내가 늦은 나이에 문학을 시작했다고 생각하고 있었는데 용기가 생겼다. 그분도 시를 쓰시는 분이었다. 그분의 지난 수상작을 읽어본 적이 있는데 깊이 있고 관조적인 묘사가 인상적이었다. 그날 모임에는 1년에 공모전에서 10회 이상 한 수상한 분도 오셨다. 다음번 모임에 갔더니 소설을 출간한 분이 내가 쓰는 소설에 도움이 될 거라면서 처음 얼굴을 본 내게 자기 소설을 보내주겠다고 했다. 단체 카톡방에는 자주 축하 소식들이 올라왔다. 문학상에 당선되었든지, 공모전에서 수상했든지, 책을 냈든지 등등, 회원들은 전래 동화 속 끊임없이 물레를 돌리는 새처럼 밤새 천을 짜고 멋진 옷을 지어 입는 사람들 같았다. 동서 문학회 첫 모임에서부터 이런 생각을 했다. 이곳은 정말 다른 곳에서 만날 수 없는 사람들이 많구나.

오리들 틈새에서 '현실적으로 할 줄 아는 것 하나 없이 공상만 하고 맹하다는' 말을 듣던 나는 어느새 백조들의 세계에 있었다. 자신만의 시를 쓰도록 격려해줬던 선생님이 집을 나가라고 등을 떠밀었고, 숲속을 헤매던 나는 호수에서 백조들이 우아하게 헤엄치는 모습을 봤다. 빗줄기 같은 햇빛을 받으면서 긴 목을 드러내고 천천히 헤엄치는 백조들의 모습을 넋을 잃고 쳐다봤다.

동서 문학회 들어와서 글 쓰는 사람 옆에 상상력 넘치는 사람, 그 옆에 열정적인 사람, 그 옆에 꿈을 꾸는 사람, 꿈을 꿔도 괜찮다는 사람을 만났다. 문학이라는 맛있는 밥을 지어 먹으며, 아무도 맛이 이상하다고 말하지 않고, 따뜻한 밥그릇을 나누는 공간이었다. 밥맛이 달콤하고 대화는 정이 넘쳤다.

예전에는 내가 남과 달라 보여서 슬펐는데, 이제는 남과 달라서 다행이라고 생각한다. 그동안 '오리' 나라에서 가끔 '딴 세상에 사는 사람인 것 같다'는 말을 들었다. 사회적인 성공이나 타이틀 획득에 이상할 정도로 관심이 없어서 역시 '알 수 없는 사람'이라는 말을 또 듣곤 했다.

동서 문학회에는 수많은 백조가 따뜻한 햇볕을 쬐면서 부리로 털을 고르고 있다. 겉보기엔 우아하고 느긋해 보이는 백조지만 물속에서 헤엄칠 때 그들의 발은 매우 빠르게 움직인다. 겉으로는 티가 나지 않는다. 책을 읽고 글을 쓰면서 백조는 부지런히 헤엄을 친다.

앞으로 동서 문학회에 지원장을 내밀기 전에 망설이는 '미운 오리 새끼'가 있다면 이런 말을 해주고 싶다.

"넌 남과 달라. 그래서 멋진 거야."라고.

나의 소설 쓰기

김혜영 (2020년 수상)

2021년 1월 25일 아침을 잊을 수 없다.

"나 도저히 이대로는 안 되겠어. 나한테 며칠만 시간 좀 줘" 며칠 전 느닷없이 가족들에게 통보했고 그 약속 된 날이 온 것이다. 차에 시동을 걸고 네비게이션에 낯선 목적지를 입력했다. 춘천의 한 게스트하우스에 5박을 예약해두었다. 월요일부터 금요일까지 평일이라 다른 게스트는 없었다. 방 하나를 차지하고 틀어박혀 책을 읽었다. 잠도 거의 자지 않았다. 강원도라 기온은 낮고 때때로 눈이 내렸다. 해가 쨍하고 비출 때는 툇마루에 나와 잠깐씩 해바라기를 했다. 고구마 한 봉지와 사과 한 봉지 달걀 10개, 믹스커피 1팩이 내가 가져간 식재료의 전부였다. 평소에도 무엇으로든 끼니가 되는 간편한 입을 가졌으니 공용부엌에서 하루 한 번 고구마와 달걀을 삶을 수 있으면 그만이었다. 나는 마치 도道라도 닦으러 간 것처럼 비장했다. 주인이 앉은뱅이책상(밥상)하나를 방으로 들여 주었다. 5일을 예약하고 온 게스트의 짐이 노트북과 작은 가방 하나, 책이 가득한 쇼핑백, 속이 훤히 보이는 식재료 봉투가 다였으니 감을 잡았을 것이다.

강원도로 떠나기 2주 전 서울의 한 소설 강좌에 수강 등록을 했다. 열댓 명의 소설가 지망생들이 모인 곳이었다. 이미 수필집을 두 권이나 낸 명색이 작가였던 나는 첫 수업을 듣고 그야말로 좌절감에 빠져버렸다. 나를 제외한 모두가 금방 소설집 한 권은 출간해도 어색하지 않을 정도로 프로처럼 느껴졌다. 두 번째 수업에 내가 쓴 소설을 합평했다.

"소설이 너무 수필적이에요."

강사도 수강생들도 다 그렇게 얘기했다. 수필을 10여 년 썼고 수필을 매우 사랑하는 수필가지만 그 순간만큼은 모욕처럼 느껴졌다.

나는 오랜 시간 소설가를 꿈꾸었다. 그런데 딸 셋을 키우면서 그때까지 내가 쓰고 있는 것은 시였고 수필이었다. 소설에 대한 갈증은 꾹꾹 누르고 살았다. 다재다능하게 장르를 넘나들 능력도 없었고, 어설프게 빠져들었다가 이도 저도 안 되는 꼴은 상상하기도 싫었다. 아직은 세 딸을 키우기에 집중하자 끝없이 다독이며 소설의 욕구를 누르고 있었다. 변명과 현실 사이 긴 호흡의 소설은 그렇게 꾹꾹 누르고 살아야 할 꿈이었고, 뜻밖에 그 꿈에서 깨어나게 해 준 것이 막내였다.

"엄마 이제 저 때문에 종종거리고 다니지 않아도 돼요. 이제 정말 엄마가 쓰고 싶은 소설 쓰세요."

그 말이 마술처럼 긴 잠에서 깨게 해주었다. 막내 말처럼 더 이상 아이들 귀가시간에 서둘러 읽던 책을 덮고 노트북을 끄지 않아도 되었다. 그 결심이 달아나기 전에 서둘러 소설 강의를 신청했다. 그렇게 간절한 마음으로 문을 연 소설가로의 첫 걸음에 발을 건 것이 아이러니하게도 내가 그토록 오랜 시간 사랑하며 몰두했던 수필이라니, 충격은 예상보다 컸다. 며칠 잠을 설치고 급기야 선언을 하고 말았다.

딸의 서가에서 5년 치 신춘문예 당선소설집과 추천하는 몇 권의 소설책을 챙겼다. 우선 요즘 소설의 흐름을 알아야 했다. 그렇게 며칠이지만 강원도로 떠났고 돌아와서 본격적으로 소설에 발을 담갔다.

한참 동안 내 작품에 '수필적'이라는 평가가 꼬리표처럼 따라왔다. 결단을 내려야했다. 2년간 수필을 끊었다. 수필은 읽지도 않고 쓰지도 않았다. 금단현상처럼 수필을 쓰고 싶고 때때로 청탁이 와도 미련 없이 거절했다. 다른 작가들처럼 장르를 넘나들며 쓸 수 있다면 얼마나 좋을까. 그날이 올 때까지 어쩔 수 없이 나에게서 수필의 힘을 빼보자. 한 가지밖에 할 수 없는 내 능력으로는 궁여지책으로 선택한 그 방법밖에 다른 도리가 없었다. 선택과 집중 그것만이 내 살길이라 다짐했다.

2년쯤 지난 후 합평에서 눈물 나도록 벅찬 소리를 들었다.

"혜영샘 글에서 이제 수필의 힘이 많이 빠진 것 같아요."

나는 여전히 '소설적', '수필적' 그 경계를 잘 모르겠지만 무조건 힘이 나는 합평이었다. 돌아보면 나는 그 모임에서 가장 열등생이었다. 문창과 출신이 다수 있었고 한두 번씩 신춘문예 최종심에 오르고 꽤 유명한 문학상을 수상한 이력도 있었다. 나이는 가장 많은 축에 속한데다 가장 늦게 소설을 시작했고 그들만큼 많이 읽지도 못했고 소설적 지식도 없었다. 울컥울컥 자존심이 상하는 순간도 많았다. 도저히 그들보다 뛰어나게 쓸 수 없다는 자괴감에 좌절할 때도 많았다, 그런데 그들이 따라올 수 없는 나의 장점이 하나 있었다.

나는 다작하는 작가다. 오랫동안 수필을 쓰면서 나는 한 번도 마감을 넘겨본 적이 없고 글이 써지지 않는다고 엄살을 떨어본 적이 없었다. 그게 어느새 습관처럼 나의 기본 값이 돼 있었다. 합평 모임이 있을 때마다 작품을 제출했다. 작품성은 비록 미숙했지만 합평을 듣기 위해선 무조건 썼다. 내놓지 않는 이상 아무 성과도 이룰 수 없지 않은가.

그렇게 3년을 소설 생각만 했다. 그러다 지인의 소개로 <제

15회 삶의 향기 동서문학상>에 투고를 했다. 공모전에 거의 첫 투고일 정도로 스스로 성과를 확인하려고 애쓰지 않았다. 내 실력이 그만하지 못하다고 생각했기 때문이다.

글쓰기를 업으로 살다 보니 남들의 평가가 어떻든 한 편 한 편이 다 귀하다. 그중에 수상작인 '자염'은 처음 쓸 때부터 특별히 애정한 작품이다. 소설을 쓰기 한참 전에 자염에 대해 알고 적잖이 충격을 받았다. 자염이 내 고향의 전통문화였다는 것을 뒤늦게 알게 된 것이다. 글 쓰는 사람으로서의 책임을 다하지 못하고 있다는 자책감이 들었다. 나는 언젠가 소설을 쓸 것이고 그때 꼭 이 소재로 작품을 쓰리라, 그건 마치 작가로서의 의무 같은 것이었다.

고백하자면 자염은 초기작품이었고 예의 그 '수필적'이라는 통과의례를 톡톡히 겪은 작품이었다. 또한 어느 장면에선 TV 문학관이 떠오른다는 평가부터 너무 구시대적인 발상이라 요새는 이런 글 쓰지 않는다는 폄하까지 혹독한 신고식을 치른 작품이다. 한 마디로 미숙아 같은 글에다 자칫하면 상품이 되지 못하고 비매품으로 평가절하되기 딱 좋은 작품이었다. 그런데도 나는 차마 자염을 버릴 수가 없었다. 수도 없이 손보는 퇴고의 과정을 거쳤다. 자잘하게 손 본 것까지 한다면 서른 번쯤이었을 것이다.

'대상'이라고 했을 때 꿈같았다. 수상을 하게 되었다는 것보다 이제 드디어 소설가가 되었다는 생각에 설렜다. 쓰면서 자주 좌절했고 도달할 수 있을지 늘 의심스러웠다. 나는 지금도 내 수상이 운이 아닐까 한 번씩 의심하기도 한다. 그것이 운이 아님을 증명하기 위해 나는 오늘도 치열하게 쓴다.

바람이 분다

오미향 (2020년 수상)

몇 해 전, 예기치 못한 남편의 사업 실패로 도심의 아파트를 처분하고 반경을 크게 벌려 외곽으로 이사를 했다. 집 앞에 배수지공원이 있어 맑은 공기와 우거진 숲은 덤으로 딸려왔지만 어쩌다 한 번 외출이라도 하려면 하루를 써버려야 했다. 그나마 5분도 안 되는 거리에 마을도서관이 있어서 책을 좋아하는 나로서는 작은 위안이 되었다. 언덕배기에 자리 잡은 23층 아파트는 탁 트인 시야로 마음의 안정을 되찾아 주었다. 서울 어느 곳에서도 가져보지 못한 스카이뷰에 우리 가족은 환호성을 질렀다.

하지만 남의 옷을 입은 듯 타의에 의한 환경의 변화는 안 그래도 중년에 접어든 나의 우울성 호르몬을 왕성하게 배출하는 지경에 이르렀다. 이사 오면서 거실 창 커튼 길이가 맞지 않아 며칠을 통유리로 지냈다. 주변에 어슴푸레한 기운이 깔리고 하늘에 석양이 내려앉을 무렵, 한참을 창밖만 보고 있었다.

그저 이 상황이, 이 변화가 내게 미칠 파장만을 생각하며 가까스로 감정을 추스르고 있었다.

남편의 어깨에 나의 소녀감성은 사치였고 그의 눈꺼풀에 부담을 매달게 할 순 없었다. 시간과 에너지가 허락하는 한에서 간단한 알바자리를 찾아 나섰다. 그럼에도 시간만 주어지면 매일 도서관을 향했다. 책을 펼치는 동안은 현실을 잊을 수 있었고 나 자신이 주인공이 되어 어떻게 살아야 하는지를 알 수 있었다. 바로 실행하기에는 몸과 마음의 근육이 굳을 대로 굳어 말을 듣지는 않았지만.

어느 날 커피 한 모금 마시다 주변을 둘러보니 또래 여성들이 강의실로 들어가는 것이 보였다. 따라가 보았다. 글쓰기 수업이었고 신세계가 열리는 듯했다. 문학을 전공했으나 다시는 글을 쓰지 않겠다던 사실조차 잊어버릴 만큼 마음이 쿵 내려앉았다. 두 아이를 낳고, 나는 어디에 있는지도 모른 채 삶에 떠밀려 왔으나 그들을 보는 순간 문학을 좋아하던 스무 살의 나를 마주선 느낌이었다. 마음이 움직이는 대로 등록을 했다.

도서관 수업은 진심이 전해지는 알찬 수업이었고 머리에 쏙쏙 들어왔다. 다른 요일에는 시 수업도 있었다. 일주일에 한 번, 일기처럼 써 내려간 글을 수필로 완성해보았으며 어설프지만 시도 한 편씩 지었다. 눈을 돌려보니 독서 동아리도 있었고 인

문학 강의도 노력만 하면 찾아다니며 들을 수가 있었다.

'서둘러. 이제 더 이상 기회는 없어.' 마치 이상한 나라의 앨리스가 되어 이상과 자유를 표현하는 상상의 토끼를 찾아 움직였다. 내 안의 글쓰기 본능을 확인하자마자 단거리 달리기에 나선 셈이다. 자연스레 공모전도 눈에 띄었다. 마침 도서관 수업에서 만난 문우가 동서문학상 수상자였다. 그녀의 글재주와 꾸준한 노력이 아우라를 내뿜었다. 격년으로 시행되는 동서 문학상이라니 다행이었다. 2년이란 시간 동안 갈고 닦아 응모할 목표가 생기니 글쓰기 수업이 기다려지고 재미가 있었다. 그러나 처음과 달리 시간이 지나면서 감정을 쏟아내는 글쓰기에만 충실했다. 잠시 멈추고 뒤돌아보니 사물의 현상과 이해에 대한 깊은 고민과 사유는 없었다. 걸러지지 않은 나만의 욕망과 일상을 어떻게 사유의 한 축으로 형상화할 수 있을까. 끙끙대며 써 내려가도 자간과 행간에 담긴 활자는 길을 열어주지 않았다.

공모전 마감을 앞두고, 그녀가 좋은 정보를 주었다. '삶의 향기 동서문학상 멘토링 클래스'에서 작가가 작품 평을 해 주고 있으니 참여해보라고 했다. 좋은 기회라 얼른 글을 내 보았다. 차분한 어조로 내 글을 첨삭해주는 작가님의 응원에 힘입어 그동안 써 왔던 수필 서너 편 합평을 듣고 나니 조금은 길이 열리는 듯했다. 소재는 참신하고 좋은데 나만의 사유로 확장시키는 힘이 부족하다. 진부한 표현을 없애고 산뜻한 글을 써봐라. 공감능력을 키우고 사물을 잘 들여다보라는 고마운 지적을 해주셨다. 갑자기 글쓰기 능력이 확장되는 게 아니듯 마감일을 앞두고 글을 들여다보아도 그 지적들을 고치기에는 아직 능력이 부족했다. 맞춤법이나 어색한 표현, 과한 문장을 다듬었으나 서성대기만 할 뿐 고민은 깊어만 갔다.

수상소감을 쓰게 되는 행운이 찾아왔다. 전에 썼던 일기장의 한쪽을 펼쳐보았다.

그 섬에는 늘 바람이 불었다. 섬에서 자란 단발머리 소녀는 청운의 뜻을 품고 육지로 빠져나가는 꿈을 날마다 꾸었다. 뭍에서 불어오는 바람의 색과 맛은 어떠할까? 물 밖으로 뛰쳐나가면 도시에서는 새로운 것이 펼쳐지고 날마다 좋은 일이 생기겠지. 벗어날 방법은 공부밖에 없었다. 나의 스무 살은 그렇게 화려하게 펼쳐지는 듯했다. 기대가 너무 컸었나 보다. 목표를 이뤘다고 생각한 순간 쉽게 안착해 버렸다. 도시의 바람은 메마름 그 자체였다. 스쳐가는 바람에도 쉽게 상처를 받았으며 행운을 몰고 오는 미풍은 나만 비껴가 버리는 것 같았다.

누구와 함께 있어도 고립 무원한 섬인 나는 수시로 불어대던 찬바람에서 벗어나고자 책을 읽었고 수없이 글로 마음 안에 숨을 불어 넣었다. 바깥의 소리는 파도와 같아서 예고도 없이 밀물처럼 달려들다 썰물처럼 빠져나갔다. 고통이 뭉쳐진 바위에 부딪치는 바람은 항상 내 곁에 머물렀으나 글쓰기로 인해 달이 뜨고 조수간만의 차가 줄어들면서 조금씩 사라지곤 했다.

이제부터 시작이다. 지금까지 내 안의 바람을 찾아 헤매느라 흔들렸다면 이제는 낯선 바다에서도 두려워하지 않으련다. 동서문학상이 만들어 준 문학의 파고는 다시 시작하라는 신호이기에, 내 삶에서 견뎌내고 싶은 흔들림이기에. 창문을 열어 시원한 바람과 마주 섰다.

Le vent se lève! Il faut tenter de vivre!

바람이 분다. 다시 살아봐야겠다.

폴 발레리의 시 구절처럼.

내 안의 얼어붙은 언어를 녹이다

오성순 (2020년 수상)

오빠가 떠난 날은 유난히 달이 밝았다. 밤하늘에 오롯이 떠 있는 보름달은 담대하고 초연해 보였다. 그곳에 마치 오빠가 있는 것만 같아 하염없이 바라봤다. 믿기지 않았다. 눈물조차 나오지 않았다. 무감각한 나를 일깨운 건 이튿날, 화장터 창밖 풍경이었다. 아무렇게나 자란 풀들이 무성했다. 에어컨 실외기에 가까이 있는 풀들은 바람에 푹 꺾여 있었다.

-험한 세상에서 살아가려면 나약하면 안 돼.

-어쩔 수 없었잖아요. 이렇게 거센 바람이 부는데….

-세상은 그런 것 따윈 알아주지 않는다니까. 꼿꼿하게 서서 세상의 풍파와 맞서야지.

나무라는 소리와 항변하는 목소리가 들리는 듯했다. 약한 나 자신을 보는 것 같았다. 아침이 되면 하루가 막막했다. 늘 무엇엔가 쫓기듯 살았다. '산다'보다는 '견딘다'라는 표현이 맞았다. 하지만 나의 고민은 얼마나 사소했던가. 무더위가 극심

했던 여름, 오빠는 하나님 품으로 떠났다. 하나뿐인 아들을 잃은 엄마는 껍데기 같았다. 옥수수를 수확하고 난 후에 남은 옥수숫대처럼 금방이라도 푹 꺾일 것만 같았다.

시골집 골목에 들어섰다. 엄마와 아빠가 대문 밖에 마중을 나와 있었다. 벌써 한참을 기다리신 것 같다. 언제 저렇게 늙으셨을까? 갑자기 초로의 부모님이 된 것 같아 생경했다. 언제인가 엄마는 조용히 나를 부엌으로 불렀다.

"혹시, 혹시라도 나중에 갑자기 엄마가 없을 수도 있잖아. 그러면 냉동실에 있는 걸 그냥 다 버리지 말고…."

엄마는 내게 금반지 있는 곳마저 알려주었다. 엄마는 무슨 그런 얘길 벌써 해, 그때는 피식 웃고 말았다. 하지만 오빠를 떠나보내고 나니 사람 일이란 알 수가 없는 거였다. 아침에 가족과 잠깐 인사를 한 것이 마지막인 경우가 얼마나 많은가.

여윈 엄마가 아이들을 보면 힘을 얻는 것 같아 그나마 위안이 되었다. 아이들에게 시골집은 단독주택이니 뛰어도 뭐라 할 사람 없고 외할머니가 사 놓은 과자랑 아이스크림을 실컷 먹는 날이기도 했다. 나도 엄마표 된장찌개를 먹고 나면 잃었던 입맛이 다시 돌아왔다. 우리가 오기 전부터 엄마는 조금씩 냉장고를 채워갔나 보다. 어디에 뭐가 있는지 모를 정도로 꽉꽉 채워져 있던 음식들. 엄마 손엔 맛의 지도가 그려져 있는 걸까? 엄마가 해준 음식을 먹고 나면 마음의 허기까지 채우는 기분이었다. 돌아갈 시간, 차 백미러에 작아진 엄마가 있다. 오빠가 없는 집에 다시 남겨질 엄마, 아빠. 텅 빈 오빠 방을 보며 매일매일 견딜 생각을 하니 마음이 편치 않았다. 꺼칠한 모습으로 배웅해주는 모습이 못내 쓸쓸했다. 아이들이 한바탕 놀고 간 자리에 더 커다란 고요가 채워질 생각을 하니 감정을 추스르기 어려웠다.

어린 시절, 깜깜한 밤에 오빠가 휴가를 나왔다. 군복을 입은 그의 발걸음이 씩씩하다.

"성순이는 동화책 좋아하잖아."

오빠가 사 온 전래 동화책을 받고 뛸 듯이 기뻤다. 밤을 새워 다 읽고 잔 기억이 난다. 너덜너덜해질 때까지 읽고 또 읽었다. 이제 그 막냇동생은 작가가 되었다고, 오빠에게 직접 말해주면 얼마나 좋을까. 첫 동화책을 선물해 준 오빠에게 감사하다.

늘 글을 쓰고 싶었지만, 현실은 답답했다. 젊은 날의 방황은 내 언어를 꽁꽁 얼려버렸는데 결혼하고 두 아이의 엄마가 되면서 무딘 언어와 감정들이 조금씩 녹았다. 아이들에게 호랑이가 나오는 전래 동화를 읽어주는데 오소소 소름이 돋았다. 아이들의 마음이 내게도 전해졌다. 하루 동안 아이에게 있었던 일, 소소한 나의 기분을 써 내려갔다. 종래에는 학창 시절의 꿈에 가까워지고 싶어 습작을 시작했다. 그리고 어느 날, 아주 높고 환한 곳에서 구석지고 어둠 속에 갇힌 나를 향해 긴 손이 뻗어왔다.

"삶의 향기 동서문학입니다."

막막한 하루의 끝에서 얼떨떨하게 받은 전화였다. 어떻게 할까, 망설이던 나는 잡기로 결심했다. 나를 세상으로 구원시켜주는 손 같았다. 삶을 내팽개치지 말라고, 버려둔 내 삶을 다시 일으키라고 말해주는 듯했다.

수상 이후, 많은 변화가 있었다. 세상과 거리를 두고 살았는데 관계의 끈을 이어주었다. 높디높은 선배님이 꼭 안아주시며 축하와 격려를 해주셨다. 분과는 다르지만 같은 기수의 문우들을 만난 것도 우연이 아닌 인연처럼 느껴졌다. 고민하고 방황하던 얘기들을 들으니 어떠한 삶도 녹록하지 않았다. 나 혼자 삶의 구석으로 몰아넣고 있었다는 생각마저 들었다. 비로소 내 삶의 주인공이 되었다. 이십 년 만에 이룬 꿈이었다.

아침에 옥수수를 땄다는 엄마의 전화가 왔다. 옥수수뿐이랴, 엄마는 이번에도 김치를 담가놓고 이것저것 싸주느라 바쁠 것이다. 아이들은 맛있는 음식들이 있는 부엌을 들락거리며 외할머니의 달콤함을 느끼겠지. 이제는 내 안의 얼어붙은 언어들을 나만의 온도로 조금씩 녹여 흘려보내고 싶다. 엄마의 된장찌개처럼 내 글이 맛있게 끓었으면 좋겠다.

내 마음 속 오래된 서랍을 열다

이준옥 (2020년 수상)

어려서부터 책읽기를 좋아했다. 동화나 소설 같은 이야기책을 좋아했는데 내 상상력은 아마 그때부터 시작되었던 것 같다. 본격적인 성적의 경쟁으로 들어서던 중고등학교 시절에 내 독서량은 현저히 줄었다. 아니, 교과서와 참고서를 읽는 것을 독서라고 한다면 그렇지도 않겠다. 당시 도서관에서 밤늦게까지 공부하다가 문득 안쪽에 있는 서가에 눈길이 가면 그 날 공부는 공치는 날이었다. 당시 좋아했던 작가는 앙드레 지드, 헤르만 헤세 등이었는데 그런 책들을 읽고 나면 여운이 길게 남아서 공부 스케줄을 번번이 놓치곤 했다. 열심히 공부해서 원하는 대학에 입학하고 이후엔 독서라고는 말하고 싶지 않은 전공서적을 읽었다. 책과 친하고 바깥 활동보다는 책상머리를 좋아하던 성향대로 대학원 과정을 모두 거치고 졸업했다. 이후 전공과 연계된 논문과 서적으로 내 옆엔 항상 종이들이 넘쳐났지만 문학에 대한, 진정한 의미의 독서에 대한 갈증을 더욱 깊어졌다. 내 나이 쉰 살쯤 되었던가, 연구원으로 있던 어느 날 근처 백화점 문화센터 글쓰기 강좌에 등록했다. 큰 용기가 필요했던 일이었고, 내가 가진 다른 한 가지는 과감히 포기해야 했던 일이었다. 그러나 결코 후회하지는 않는다. 이후 내 생활은 많이 달라졌다. 그때까지 내가 읽고 썼던 글이라곤 주로 논문과 보고서였는데 그러한 건조한 글들 사이로 틈틈이 일기도 썼다. 일기라기보다는 아무런 형식이 없는 메모에 가까운 글이었는데 가끔 내 마음속의 뭔가를 쏟아내고 싶을 때, 그것이 뭔지 글자로 써 내려가면 그 실체가 가늠되는 듯했고, 속이 후련해지는 느낌을 받았다. 용기 내어 등록한 글쓰기 강좌는 오래가진 못했다. 익숙지 않은 글쓰기 환경과 토론은 초심자에게는 버거웠고, 主業이 있는지라 열심히 임하지도 못했다. 그러나 책을 읽고, 글을 쓰는 세계에 발을 딛고 함께 굴러가는 것 같은 소속감은 큰 소득이었다. 메모 같았던 일기가 좋은 글감이 되었고, 제시되는 주제에 부합되는 글은 내 일기장 속에 모두 있었다. 주어진 주제에 대해 생각하다보면 내 일기장 한 구절이 생각나고, 고구마 뿌리가 줄줄이 나오듯 연관된 생각들이 쏟아졌다.

첫 글쓰기 강좌를 경험하고도 한참 뒤인 2019년, 하던 일을 그만두었다. 여태까지 했으면 이만 되었다고 생각하면서 문어발처럼 얽혀 있었던 일들을 하나씩 정리하고 모니터에서, 컴퓨터에서 다 치워버렸다. 이후에 난 뭘 할까 생각했다. 사실은, 정해져 있었다. 어릴 적부터 하고 싶었던 일을 해야겠다는 생각을 하고 방송대 국문학과 편입을 했다. 2020년 편입생이 되어 배우고 싶었던 분야의 과목들을 선택해서 열심히 공부했다. 마침 코로나19 영향으로 모든 과제가 보고서나 글쓰기로 대체되는 바람에 그토록 하고 싶었던 글도 실컷 썼다. 적당한 부담감은 글을 쓰는데 좋은 활력소가 되었다. 국문학과의 과제라서 그런지, 요즘 교육현장의 추세인지 과제물에는 꼭 제목을 달아야했고, 그 제목 아래 일관된 주제로 글을 써 내려가는 것은 큰 즐거움이었다. 그즈음 동서문학상 공모를 보았다. 동서문학상에 대해서는 오래전부터 알고 있었지만 응모해야겠다고 생각한 것은 그때가 처음이었다. 하던 일을 모두 그만두었기 때문이었을까, 그래서 글이라는 것을 내가 써도 된다는 안도감 탓이었을까, 아니면 국문학도라는 자부심 때문이었을까. 감히 시도했고 입선이라는 큰 상을 받았다. 내 글을 누군가에게 보여준 것은, 심사대에 올린 것은 난생처음이었다. 입상했다는 자랑을 하면 다들 그 글을 보여 달라고 해서 섣불리 자랑도 못했다. 부끄러웠다. 내 속을 다 들여다보는 것 같아 글을 보여줄 수가 없었다. 그건 지금도 마찬가지다. 내가 글을 쓴다는 것은 아무도 모른다. 남편이나 아들들조차도 어쩌다 우연히 일어난 일이라고 생각한다. 작가님들이 우러러 보인다. 어떻게 하면 내 글을 부끄럽지 않게 보여줄 수 있을까. 더 감동을 주는 글이라면, 재미있는 글이라면, 가능할까?

그렇게 응모하고 입상했다. 여러 선배님의 권유로 동서문학회 가입도 했다. 그런데 이것이 내 것이 아닌 것 같다. 훌륭하게 활동하고 있는 선배들과 같은 공간에서 같은 목표를 가지고 함께 서 있는 것, 내게는 낯설고 어색하다. 몸에 맞지 않는 옷을 걸친 것 같은 기분이다. 일을 그만두고 나면 내 시간이 많아질 줄 알았다. 책 읽는 시간도, 글을 쓰는 시간도 많아질 줄 알았다. 그런데 일기 쓸 시간조차 내기가 어렵다. 일상이라는 덫에 단단히 붙잡혔다. 입상하고 난 뒤 아들과 함께 새로운 일을 시작했고, 이어 두 분 부모님이 번갈아 입원, 퇴원을 반복하면서 책 한 권 읽을 수 없는 시간이었다. 그 사이에도 동서문학회의 끈은 놓치기 싫어 단체톡방의 한 자리를 차지했다. 결코 내 자리가 아닐 것 같은 그 자리에 이렇게 어색하게 그러면서도 꿋꿋이 앉아있다. 문학회는 내게 글쓰기의 기회를 처음으로 주었다. 너도 글을 쓸 수 있다고 인정해 준 최초의 행운이었다. 20년, 30년, 40년이 흐르는 동안에도 나를 버리지 않고 뒤에서 묵묵히 지켜준 문학이 오늘의 동서문학이 되어 내 앞에 나타난 것이다. 내가 40여 년 동안 돌보지 않았던 문학이 나이

들고 지친 지금의 내게 위로와 치유를 보내주고 내가 '나'일수 있도록 지탱하게 해준다. 내게 있어 문학은 그런 것이다. 동서 문학은 내게 있어 바로 그런 의미이다. 내게 문학을 할 수 있게 하는 힘, 글을 써도 된다고 격려해주는 힘, 더 나가서는 뭐든지 해도 된다고 응원하는 힘. 앞으로 나는 이것만 믿고 나가려고 한다. 내게는 문학적 지식도 없고, 재능은 더욱 없다. 그러나 동서문학이 인정했으니 이 길을 마음 놓고 계속해서 가려 한다. 시간은 오래 걸릴 것이다. 40년을 돌아서 여기로 왔는데 몇 년 더 늦으면 어떨까. 돌아온 시간도 모두 녹여내서 내 글을 쓰리라. 한 해가 저물어 가는 12월에 올 한 해를 돌아볼 수 있는 기회를 주신 분들께 감사드리고 날 흘리고 가지 않은 여러 임원 분께도 감사를 전한다.

왕자와 공주는 붉은 용과 함께 행복하게 살았답니다

황현숙 (2020년 수상)

옛날 어느 나라에 멋진 왕자님이 살았답니다. 그리고 고전의 클리셰가 늘 그러하듯 옆 나라에는 어여쁜 공주님이 살고 있었는데 어느 날 붉은 용이 날아와 공주를 데려갔어요. 용감한 기사들은 공주를 구하러 갔지만 실패하고 말았죠. 왕자는 칼과 방패를 들고 공주를 찾아 나섰어요. 붉은 용이 살고 있는 성은 아주 멀어서 왕자는 몇 날 며칠에 걸려 고생 끝에 성에 닿았답니다. 휴, 나선형으로 끝없이 펼쳐진 계단을 올려다보며 왕자는 한숨을 쉬었어요. 이미 지쳐있는데 저길 또 어떻게 올라간단 말이지? 하지만 왕자는 이내 울고 있을 공주를 생각하고 힘을 내기로 했죠. 왕자가 벼랑 끝에 있는 붉은 용의 성에 다다랐을 땐 이미 너무 지쳐서 공주를 위해 싸울 힘이 남아있지 않았죠. 가장 심각한 문제는 오르는 길에 칼과 방패마저 잃어버린 것이었어요. 왕자는 올라 온 길을 내려다보았어요. 그래! 이대로 내려갈 순 없지. 왕자는 용기를 쥐어짜내 문을 두드렸어요.

동서문학 도전기에 난데없이 동화이야기를 꺼낸 건 동서문학상에 응모하기 위해 꺼낸 용기가 공주를 구하러 간 왕자의 심정과 비슷했기 때문이다. 펜을 칼처럼 들고 공주를 구하러 가는 왕자처럼 동서문학을 향해 발을 내딛었다. 처음에는 그리 어렵다는 생각이 들지 않았다. 생각날 때 마다 여기저기 적어 둔 게 있으니 꺼내어 잘 엮어보면 되지 않을까? 그런데 막상 꺼내 놓고 보니 말 그대로 그 때의 감성일 뿐이었고 산가지처럼 뻗친 문장들을 다듬어 쓰는 게 더 힘들었다. 밑천 없는 장사치마냥 남는 게 거의 없는 문장을 잡고 몇 날 며칠을 제 자리 걸음만 걷는 듯 했다. 그래도 머릿속에 내내 동서문학을 담고 있었더니 어느 날 툭 튀어나온 단어가 문장이 되고 그 문장이 다시 연결되어 시가 완성되었다. 그렇게 완성된 작품을 제출하기 위해 홈페이지에 들어갔는데 클릭버튼을 누르지 못하고 또 망설였다. 다시 한 번 읽어보니 절절해던 문장들이 시시해 보이고 진심을 가득담은 단어들이 흔하게 느껴졌다. 제출하지 못하고 돌아섰다. 작품의 완성은 퇴고에 있다고 했던가? 다시 시를 읽고 고쳐나가기 시작했다. 그렇지만 그것도 실력 있는 사람들의 이야기인지 고치고 고친 너덜너덜해진 문장은 더 이상 시로 보이지 않았다. 칼과 방패를 잃은 왕자의 심정을 이해할 수 있을 것 같았다. 결국 돌고 돌아 다시 첫 번째 상태대로 돌아오고야 말았다. 같지만 결코 같지 않은 시를 들고 다시 홈페이지로 들어갔다. 제출 버튼이 뭐라고 이게 이렇게 떨릴 일인가? 안되면 그만인데 무슨 망설임인지.

왕자가 문을 두드리지 않았다면 동화는 완성되지 않았겠지? 용기를 쥐어짜내 작품을 응모했다. 나에게는 칼과 방패를 가져다 줄 공주도 없거니와 애초에 내 용기는 성에 닿는데 까지이니 애초에 왕자가 될 수는 없을 것 같고 그래도 칼과 방패를 든 것에서 끝나지 않고 문 앞까지 갔다는데 고무 된 기사정도는 되지 않을까 만족하기로 했다.

동화는 대부분 공주가 어디선가 구해 온 칼과 방패를 가지고 어디선가 솟아난 힘과 지혜로 붉은 용을 물리친 왕자가 공주와 함께 돌아와 행복하게 살았답니다로 끝을 맺는다. 어릴적 읽었던 동화가 어떻게 끝났는지는 기억이 나지 않는다. 그런데 붉은 용을 무찌르고 왕자와 공주가 행복하게 살았다가 아니라 붉은 용과 함께 행복하게 살았다로 끝이 나면 어떨까? 공주는 붉은 용에게 잡혀간 게 아니라 놀러 간 것이었다면….

이런 생각을 하게 된 것은 나의 동화가 그렇게 행복한 마무리였기 때문이다. 홈페이지 앞에서 클릭을 눌렀던 용기 덕분에 견고해 보이던 문이 열리고, 나와는 다른 세계 사람일거라고 어렵게 생각했던 문우들이 얼마나 따뜻한지 알게 된 것처럼 붉은 용의 성문 앞에서 문을 두드린 왕자의 용기로 공주를 만나게 한 것은 물론이고 그동안 오해했던 붉은 용의 선함을 알게 되었다면 좋겠다는 생각이 들었다.

솔직히 말하자면 수상소식이나 출간소식을 종종 들려주는 동서문학 멤버들은 나와는 다른 세계 사람들이 맞긴 하다. 그런데 그럴 때 '나도 해봐야지' 욕심도 나고 그래야 하는데 아직은 내가 이 공간에 들어와 있는 것 자체가 너무 좋아서 그 걸 좀 더 누리고 싶다. 아니 어쩌면 격 떨어진다고 너도 좀 분발하라고 하지만 않는다면 나는 조선의 선비처럼 이 편안한 공간에서 안빈낙도의 꿈을 꿀 수 있을 것 같다.

아버지의 마지막 선물처럼

조현숙 (2020년 수상)

“어이. 이쁘다.” 아버지가 두 팔로 번쩍 안아 들어 올린 아이는 내가 아니었다. 교회 친구였던 그 애는 아버지 어깨 위에서 활짝 웃고 있었다. 쏟아지는 햇살 때문에 눈이 시렸다. 호탕하게 웃고 있는 아버지는 남의 아버지처럼 낯설기만 했다. 큰 딸인 내게 한 번도 보여준 적이 없는 함박웃음 속으로 세상의 빛줄기들이 다 들어가는 것 같았다. 그러나 내 어떤 부분도 그 안에 집어넣을 수 없었다. 밖에서는 호인, 호남, 인기 많은 선생님인데 집에 오면 까탈스럽고 차가웠던 아버지. 가족을 주변인처럼 맴돌게 했던, 그래서 밉고 그리웠던 존재.

문학도 내게 그랬다. 나도 이쁜 놈이라고, 나도 당신의 눈에 들기 위해 열심히 노력하고 있다고, 시간이 문제라면 죽을 때까지 쓰겠다고, 재능이 문제라면 죽을 만큼 쓰겠다고. 아무리 외쳐도 문학은 다른 이에게만 환한 미소를 보였다. 신열을 앓아도 내게 눈길 한번 제대로 주지 않았다.

한때는 아버지를 웃게 만드는'남'에 대한 질투와 원망으로 가슴이 타들어 가기도 했지만, 아버지 때문에 속앓이하는 대신 무심해지기로 했다. 엄마가, 마음이 전쟁터인 아버지 집에서 우리를 주렁주렁 매달고 나와 버린 탓도 있으리라. 그렇다고 아버지를 놓을 수 있을까. 아버지를 떠올리면 늘 시린 햇살과 그 아이의 주름치마가 같이 팔랑거렸다.

성실하고 분주한 삶이었지만 가진 것을 다 잃었다. 이삿짐을 싸다가 책상 맨 아래 칸에서'제4회 동서커피문학상수상집'을 발견했다. 그 책이 있다는 걸 까맣게 잊고 있었다. 수상한 적이 없는데 책이 있는 건 내가 그 공모전에 응모했다는 얘기다. 책을 펼치는데 갑자기 울음이 터졌다. 뭔지 모를 감정에 북받쳐, 아니 어쩌면 울 만한 이유를 찾은 듯 통곡을 했다. 그리고 나는 책상 앞에 앉았다. 아버지는 젊은 시절 한때, 소설을 썼다고 한다. 그러나 살아가는 일의 엄중함에 밀려 글과 멀어졌다고 했다. 아버지도, 문학도 다 미웠지만 쓰고 싶다는 생각은 넘쳤고 현실의 나는 아버지처럼 선생님이 되어 시간 타령만 하고 있었다.

'마음을 열어주던 향기'라는 제목의 그 수상집은 잃었던 꿈을 떠올리게 했다. 물질은 잃으면 벌벌 떨면서 꿈과 열정을 잃는 것에는 무심했던 내 삶을 돌아보았다. 밤을 새워 쓰던 습작

노트를 꺼내 먼지를 털었다. 그리고 '제7회 동서커피문학상'의 문을 두드렸고 수필 부문 가작을 수상하였다. 숨통이 트이는 것 같았다. 기차를 타고 시상식장에 가던 그 시간은 납작 엎어졌던 내 삶을 다시 일으켜 세워 준 온기였고 마음을 열어주던 향기의 손이었다.

병상에 누운 아버지는 날 알아보지 못했다.

"장인어른, 큰딸 현숙이 왔습니다."

남편이 내 손을 아버지 손에 가져가며 말했다. 아버지는 흐릿한 눈으로 천정만 보더니 문득 중얼거렸다.

"어, 이쁜 놈. 일등만 하고. 글짓기도 잘하고. 참 이쁘지. 일등만 하고."

아버지는 이 말을 하고 또 하고 자꾸 했다. 아버지의 머릿속에는 어린 나만 있는 모양이었다. 50년 넘는 세월을 건너와 이제야 도착한 아버지의 칭찬이 억울하고 서럽고 또 통쾌했다.

나는 뜨거운 햇발을 받으며 구리항아리를 찾아 절 마당을 헤매고 다녔던 시간을 꺼냈다. 뭐라 규정할 수 없는 뜨거운 기운이 그 시간을 쓰게 만들었다. 그 시간을 얼마나 많이 만지고 쓸고 닦았는지 모른다. 소설가를 꿈꿨지만 냉정한 학자가 된 아버지, 꽃을 팔아 자식들을 건사했지만, 꽃처럼 화사하지 못한 현실을 온몸으로 건너온 엄마, 최초의 가전체 소설을 쓴 고려 중기 대표 문인이었지만 비통한 삶을 살았던 임춘. 그 이야기를 엮어서 갈무리했을 때 '제15회 삶의 향기 동서문학상' 공모전이 꿈결처럼 나에게로 왔다.

어쩌면 아버지도 많이 외로웠을까? 우리가 좁은 방에서 뒹굴며 나눴던 가난에도 불구하고 다사로웠던 시간의 대척점에서 어쩌면 아버지도 우리를 많이 그리워하고 기다리고 있었을까?

당선 전화를 받고 한 달, 아버지가 돌아가셨다. 한 줌 흙으로 가시던 날, 늦가을 햇살은 유별스럽게 뜨거웠다. 부신 햇발이 아버지의 마지막을 담은 항아리로 무진장 쏟아지는 걸 보며 많이 울었다. 그리고 열흘 뒤, 아버지가 남기신 선물처럼 나는 동서문학상 시상대에 올랐다. 아버지의 웃음이 남을 향해 있었어도 가슴에는 날 담고 있었듯이 문학은 언제나 내게서 도망가는 듯해도 외롭고 힘든 시간을 이겨내도록 나를 보듬고 있었다. 아버지를 놓지 못하는 것처럼, 놓을 수 없는 것처럼, 내게는 문학도 그랬다.

'삶의 향기 동서문학상'은 그런 나에게 끝까지 한번 가보라고 내미는 따뜻하고 커다란 손이다. 이쁜 놈이라고 쓰다듬어 주는 향기로운 손이다. 끝내 문학을 놓지 못하는 당신들에게도 동서문학상은 그 손을 내밀 것이다. 누구에게나 공평하게 쏟아지는 햇살처럼 눈부시게, 따뜻하게.

향기로운 향해

문학으로 삶을 헹구어 내는 일은
무릇, 가치 있는 행보 였어요
해독할 수 없는 나직한 고백에도 목소리는 들려 왔으니까요

긴 시간 글을 쓰고 살면서 물감이 번지듯 내 삶의 오선지에도
#이 하나 그려졌다.

누군가 또 묻는다면 대답하겠다. 나는 아직 흐르고 있다고.
여기 이렇게 마음 따라 흐르고 있다고.
꿈은 스스로 내딛는 발걸음만큼 가까워진다는 것을 문학상 도전을 통해 실감했다. 원하는 대로 삶을 바꿔 줄 수 있는 사람은 결국 나 자신뿐이란 것도.

오로지 글이라는 세계 안에서만 깊은 호흡을 하던 내게 이제 좀 더 자신감 있는 내 삶의 향기들을 아름다운 글자들로 수놓아 보라는 포옹이기도 했다.

누군가 문학은 일상 속에서 자기 존재를 찾아가는 것이라고 하였다.
흘러가는 일상 속에서 나를 잃어버리지 않기 위해 끊임없이 내 존재를 확인 하는 일을 <동서문학>이라는 숲에서 찾아가고 있다.

향기로운 항해

동서문학상 수상자 히스토리

초판 발행일 2022년 9월 1일

편 집 인 동서문학회
편집위원 노기화, 최분임, 김선자, 정미경, 정이수, 이숙희, 석성득, 박주영
펴 낸 곳 몽 트

출판등록 2012.12.20 제 2014-0000-38호

주소 안산시 단원구 고잔로 23-12
전화 031-501-2322 팩스 031-501-2321
메일 memento33@menthebooks.com

값12,000원
ISBN 978-89-6989-078-8 03810

www.menthebooks.com